# Data Storytelling con Inteligencia Artificial

De los datos a las decisiones

**Data Storytelling con Inteligencia Artificial**
De los datos a las decisiones

Ignasi Alcalde



IA INK · iaink.com
[ia] People · Data · Tech — ignasialcalde.es

Primera edición, 2026.

ISBN: 978-84-09-90341-2

*A quienes no se conforman con tener datos*
*y buscan entenderlos para decidir mejor.*

# Índice

## PARTE V · EL FUTURO DEL DATA STORYTELLING AUMENTADO POR IA



## PARTE VI · CAJA DE HERRAMIENTAS

# Prólogo

Hace mucho tiempo que conozco a Ignasi Alcalde. En el ámbito de los datos y de la inteligencia artificial no es ningún advenedizo. Cuando todavía no existía esta cantidad desmesurada de papanatas alrededor de la IA, Ignasi ya nos iluminaba con una mirada sensata. Más que dedicarse a relatar futuros empapados de fuegos artificiales, se centraba en mostrar caminos para que las personas y las organizaciones pudieran afrontar el nuevo reto que suponía una economía fundamentada en los datos.

Ignasi ha recorrido siempre un camino entre la innovación y el sentido común. Es precisamente este equilibrio el que los lectores encontrarán en estas páginas. Además, y soy testigo de ello, con el tiempo ha ido orientando su narrativa sobre los datos de una forma cada vez más práctica. La caja de herramientas con la que concluye este libro constituye una muestra de ello y resulta de enorme utilidad.

Este es, sin duda, un libro oportuno. Necesitamos profundizar y, al mismo tiempo, poner en contexto todo lo que nos está sucediendo. Seremos las primeras generaciones que habremos vivido dos grandes cortes tecnológicos con tintes disruptivos: el de la transformación digital y el de la inteligencia artificial.

Ignasi Alcalde enlaza ambos fenómenos en este libro. Nos traslada respuestas aprendidas durante la transformación digital y nos plantea preguntas que nos permiten pensar sobre la inteligencia artificial. También resulta especialmente oportuna su mirada europea y su capacidad para explicar estos cambios mediante ejemplos cercanos. Necesitamos menos narrativas importadas. Necesitamos miradas propias.

Ignasi tiene una mirada propia. La ha construido a lo largo de numerosísimas reuniones con empresas y organizaciones de todo tipo, así como mediante su actividad académica en la Universitat Oberta de Catalunya.

Me gusta especialmente cómo el autor subraya que, ante las enormes posibilidades que ofrecen los datos, tanto en la economía como en la propia economía de los datos, las personas no pierden su centralidad. Su forma de equilibrar la relación entre personas y máquinas es sensata y ponderada. Este equilibrio recorre el conjunto del libro y constituye una de sus aportaciones más valiosas.

**Xavier Marcet**
Vicepresidente de Marlex

# Introducción

## Por qué necesitamos una nueva forma de contar los datos

La mayoría de las organizaciones no tiene un problema de falta de datos. Tiene un problema de exceso de información, de interpretación que no llega y de hallazgos que nunca se convierten en acción.

La frase suena contradictoria, lo sé. Durante años dimos por hecho que el gran reto era *conseguir* más datos: más registros de clientes, más métricas de comportamiento, más señales en tiempo real. Y en parte era verdad: sin datos, se decide a ciegas, a golpe de intuición o de jerarquía. Pero una vez superada esa primera barrera aparece otra, más sutil y más difícil: tener datos no es comprenderlos.

Lo habrás visto. Un cuadro de mando con veinte indicadores en el que nadie sabe cuál mirar primero. Una dirección comercial que recibe informes cada semana y no entiende por qué cae una región. Un equipo de personas que mide rotación, absentismo y compromiso sin lograr contar qué historia conjunta dibujan esos números. Los datos, solos, no hablan. Necesitan contexto, interpretación y propósito.

Ahí entra el data storytelling. No es contar historias bonitas con datos, ni adornar una presentación con gráficos vistosos, y mucho menos retorcer la información para defender una conclusión decidida de antemano. Es la capacidad de construir una explicación clara, honesta y orientada a la acción a partir de datos relevantes: elegir qué importa, analizarlo con rigor, representarlo de forma comprensible y ordenarlo en una narrativa que ayude a alguien concreto a entender qué pasa, por qué pasa y qué podría hacerse a continuación. Es una competencia híbrida (análisis, diseño, comunicación, pensamiento crítico y conocimiento del contexto) y no pertenece en exclusiva a los analistas, ni a los diseñadores, ni a los directivos. Es transversal a cualquiera que tenga que decidir, o influir en decisiones, con información.

La inteligencia artificial generativa cambia el tablero. Hasta hace poco, casi cada fase del trabajo con datos exigía conocimientos técnicos: hojas de cálculo avanzadas para limpiar, estadística para analizar, horas de montaje para comunicar. Hoy puedes pedirle a un modelo que revise una tabla, proponga hipótesis, explique una tendencia, sugiera gráficos o adapte un mensaje para un comité, y que lo haga en minutos. El potencial es enorme. Pero abre una pregunta incómoda: si la IA puede hacer cada vez más cosas dentro del proceso, ¿qué te queda a ti?

La respuesta, y es el corazón de este libro, tiene que ver con el criterio. La IA genera respuestas, pero las preguntas siguen siendo cosa tuya. Encuentra patrones a una velocidad que ningún equipo humano alcanza, aunque distinguir lo relevante de lo anecdótico te sigue tocando a ti. Puede redactarte una narrativa entera y proponerte media docena de gráficos, y aun así serás tú quien compruebe que el relato es fiel a los datos y quien decida qué visualización ayuda de verdad a comprender. Acelera el trabajo, desde luego; lo que no se mueve de sitio es la responsabilidad de la decisión.

Este libro vive justo en ese punto de encuentro. No es un manual técnico de IA, ni un tratado de visualización, ni una colección de *prompts*. Es una propuesta para entender cómo cambia el data storytelling cuando sumamos inteligencia artificial al proceso, y defiende tres ideas.

La primera: el data storytelling será **más** necesario, no menos. Cuanto más fácil sea producir análisis, gráficos y textos, más valioso será saber distinguir los buenos de los malos.

La segunda: la IA es un **copiloto**, no un sustituto del pensamiento. Es legítimo preguntarse hasta cuándo será así, y vuelvo sobre ello en el capítulo 23. Su valor está en ayudarte a explorar perspectivas, hacer mejores preguntas y afinar tus explicaciones.

La tercera: las organizaciones necesitan desarrollar a la vez **dos alfabetizaciones**, la de datos y la de inteligencia artificial. No basta con saber leer un gráfico; tampoco con saber usar una herramienta.

El libro recorre cinco partes. La primera diagnostica el problema: más datos que nunca y no necesariamente mejores decisiones. La segunda explica qué es de verdad el data storytelling, más allá de la estética. La tercera mete la IA en cada fase del proceso, de la preparación del dato a la comunicación. La cuarta baja a casos prácticos en marketing, recursos humanos, finanzas y educación. La quinta mira al futuro y a las competencias que harán falta cuando la IA forme parte habitual del trabajo con información.

La intención es sencilla: que uses la inteligencia artificial para contar mejor los datos, no para dejar de pensar sobre ellos.

# Cómo leer este libro

Este libro se puede leer de principio a fin, pero no es la única forma de aprovecharlo. Según tu papel y tu urgencia, hay recorridos más directos.

## Tres itinerarios

**Si diriges o decides** y dispones de poco tiempo, empieza por la Parte I para entender el problema de fondo, salta al capítulo 14, el caso recorrido de principio a fin, y termina en la Parte VI, donde están las plantillas y las checklists que puedes exigir a tu equipo. Con eso tendrás el marco y las herramientas sin entrar en el detalle técnico.

**Si trabajas con datos a diario** (análisis, negocio, consultoría), el núcleo está en las Partes II y III: cómo formular preguntas, cómo pensar con datos y cómo integrar la inteligencia artificial en cada fase del proceso. Después, los casos de la Parte IV te darán patrones que reconocerás en tu sector.

**Si enseñas o formas equipos**, la Parte VI es tu punto de partida: la biblioteca de prompts, los canvas y la autoevaluación de madurez están pensados para usarse en sesiones y talleres. Los cierres de cada capítulo (una idea clave, tres preguntas y un ejercicio) funcionan como material de aula.

## Cómo está construido cada capítulo

Todos los capítulos siguen la misma estructura: una idea que abre, el desarrollo con ejemplos y, cuando ayuda, una figura; y un cierre en tres partes. La **idea clave** condensa lo esencial en un párrafo. Las **tres preguntas para tu contexto** trasladan el capítulo a tu realidad concreta, que es donde de verdad se aprende. Y **un ejercicio** te propone hacer algo pequeño y comprobable esta misma semana.

Mi recomendación es que no te saltes los cierres. Leer sobre data storytelling es agradable; aplicarlo a una decisión real es lo que cambia tu forma de trabajar.

## Sobre los ejemplos y los prompts

Los casos son verosímiles pero no reales: están construidos a partir de situaciones que se repiten en muchas organizaciones, y las empresas que aparecen son ficticias. Lo importante es el recorrido y el criterio, no las cifras.

Los prompts que encontrarás son puntos de partida, no fórmulas. Adáptalos a tu sector, a tu vocabulario y a tu decisión. Y úsalos siempre con datos no sensibles y con revisión humana: es la primera regla del libro y también la última.

PREÁMBULO

# Cómo se ha escrito este libro

*Lo coherente, en un libro como este, es no esconder cómo se ha trabajado.*

Este libro se ha escrito con la ayuda de la inteligencia artificial, y prefiero decirlo desde el principio. No porque la IA lo haya escrito, ya que las ideas, el criterio, los ejemplos y la voz son míos y nacen de años de aulas, proyectos y conversaciones, sino porque ha sido una herramienta de trabajo presente a lo largo de todo el proceso.

Me ha ayudado sobre todo a cuatro cosas: explorar y aclarar conceptos antes de explicarlos; ordenar materiales dispersos y contrastar cómo estructurar cada capítulo; proponer formas de decir las cosas (un ejemplo, una analogía, un primer borrador) que después he reescrito y hecho mías; y actuar como lector crítico cuando dudaba si una idea quedaba clara.

Lo esencial, sin embargo, no se delega. Decidir qué contar, sostener el hilo, revisar página a página y responder por lo que aquí queda dicho ha sido un trabajo humano. La IA acelera y acompaña; el criterio y la responsabilidad siguen siendo míos.

PARTE I

# El problema: más datos, no necesariamente mejores decisiones

CAP 1.

# La paradoja de los datos

*Nunca habíamos tenido tantos datos. Y rara vez habíamos decidido con tanta prisa y tanta duda al mismo tiempo.*

Es lunes por la mañana. Estás en la sala de siempre, frente a la pantalla de siempre. Alguien comparte el cuadro de mando del mes: veinte indicadores, una paleta de colores, unas flechas hacia arriba y otras hacia abajo. Cada responsable presenta su área, cada cifra parece importante, todos asienten. Y cuando la reunión termina, sales sabiendo más cosas que cuando entraste, pero sin tener más claro qué deberíais hacer.

Si esa escena te resulta familiar, no es culpa tuya ni de tu equipo. Es el síntoma de algo más grande, y es el punto de partida de este libro.

Vivimos en la época más cuantificada de la historia. Cada compra, cada búsqueda, cada clic, cada formulario y cada proceso interno deja un rastro que puede convertirse en dato. Las organizaciones recogen información sobre clientes, empleados, campañas, operaciones, finanzas, aprendizaje y reputación. Hablamos de KPIs, de analítica avanzada, de modelos predictivos, de tiempo real. Cuesta encontrar una organización que no aspire a ser *data-driven*.

Y, sin embargo, entre *tener* datos y *decidir* mejor hay una distancia mayor de la que solemos admitir.

A esa distancia la llamo la paradoja de los datos: **cuantos más datos acumulamos, más evidente se vuelve nuestra dificultad para interpretarlos, priorizarlos y convertirlos en acción.** La paradoja no está en los datos, que son imprescindibles, sino en lo que hacemos con ellos. Aparece en el momento exacto en que confundimos acumular con comprender.

Durante años la pregunta fue: «¿Tenemos datos suficientes?». Hoy la pregunta es otra, y mucho más incómoda: «¿Qué datos importan de verdad?».

## Más datos no significan más claridad

La primera trampa consiste en creer que más datos equivalen, automáticamente, a más claridad.

No siempre. Más datos pueden ayudarte a ver mejor, pero también pueden enterrar la señal bajo el ruido. Pueden confirmar una hipótesis o llenarla de contradicciones. Pueden abrir nuevas vías de análisis o multiplicar las interpretaciones posibles hasta paralizarte. El exceso de datos produce, a menudo, una falsa sensación de seguridad: como hay muchos números, parece que la decisión está bien fundada; como hay gráficos, parece que la realidad está bajo control; como hay un *dashboard*, parece que alguien vigila lo importante.

Pero un cuadro de mando no garantiza comprensión. Un gráfico no garantiza interpretación. Un indicador no garantiza acción.

Vuelve un momento al comité del principio. En la pantalla aparecen ingresos, margen, conversión, coste de adquisición, satisfacción, rotación, desviación presupuestaria, previsión de ventas. Cada diapositiva contiene datos. Cada dato parece relevante. Al terminar, la organización sabe más cosas, pero no sabe mejor qué hacer. La información ha circulado, pero no se ha convertido en conocimiento compartido. Los indicadores se han mostrado, pero las relaciones entre ellos no se han explicado. Se ha revisado el pasado sin construir una lectura útil del futuro.

La claridad no depende de cuántos datos tienes delante, sino de a cuántas de estas preguntas puedes responder con ellos:

- ¿Qué está pasando?
- ¿Por qué está pasando?
- ¿Qué consecuencias tiene?
- ¿Qué opciones tenemos?
- ¿Qué decisión tomamos, y qué riesgo asumimos al tomarla?

Cuando esas preguntas no están en la sala, los datos se quedan en decoración analítica: ocupan espacio, aportan apariencia de rigor y no cambian nada.

## El dato nunca viene solo

Hay una segunda idea, todavía más básica: ningún dato significa nada en el vacío.

Que una empresa haya facturado dos millones este trimestre puede ser una excelente noticia o una señal de alarma. Depende. ¿Cuál era el objetivo? ¿Cuánto se vendió el trimestre anterior? ¿Con qué margen? ¿Qué productos lo explican? ¿Qué parte es recurrente y qué parte es un golpe de suerte irrepetible? El número solo no te dice ninguna de esas cosas.

Pasa con cualquier indicador. Una rotación del 12 % puede ser preocupante o saludable según el sector, los perfiles y el momento. Una caída del tráfico web es mala noticia... salvo que venga con una mejora de la conversión y un coste de adquisición más bajo. Reducir el tiempo medio de atención parece eficiencia, hasta que descubres que estás hundiendo la satisfacción del cliente.

El dato necesita contexto para volverse información. Necesita interpretación para volverse conocimiento. Y necesita conectar con una decisión para volverse acción. Esa progresión es la columna vertebral de todo lo que viene en este libro:

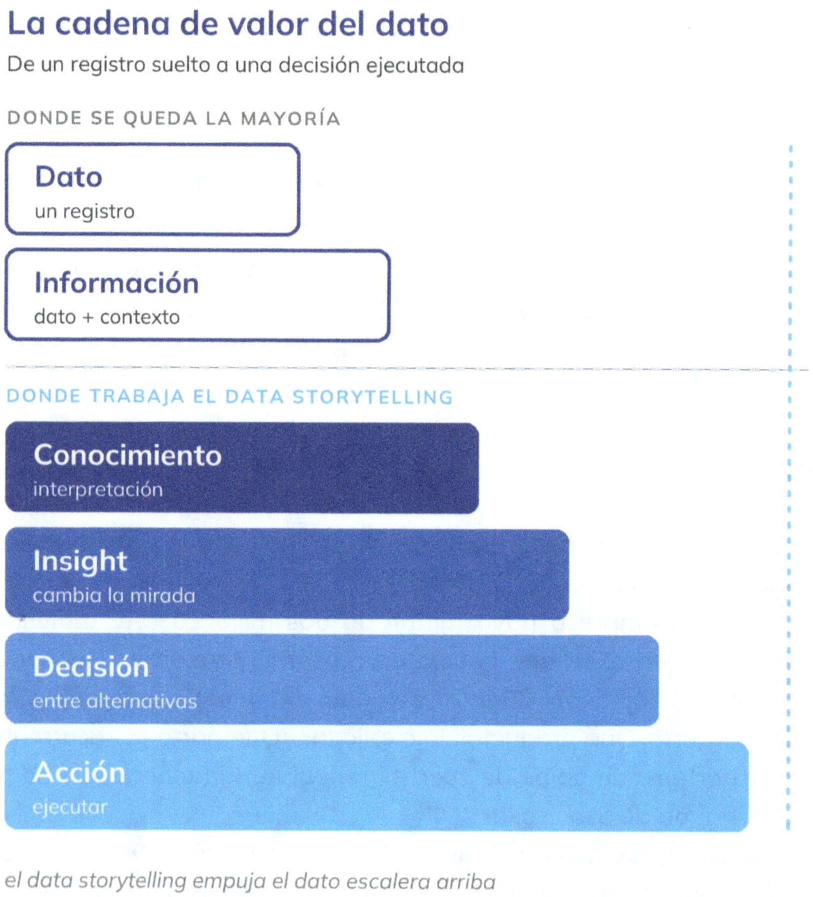


*Figura 1.1 · La cadena de valor del dato. Cada peldaño añade contexto, criterio y propósito. La mayoría de organizaciones se queda en los dos primeros.*

Un **dato** es un registro. La **información** es ese dato ordenado y puesto en contexto. El **conocimiento** es una interpretación con sentido. Un **insight** es una comprensión que cambia tu forma de mirar el problema. La **decisión** es elegir entre alternativas. Y la **acción** es ejecutar esa elección en el mundo real.

Muchas organizaciones se quedan atrapadas en los dos primeros peldaños. Recogen datos, los ordenan, los visualizan y los reparten. Pero rara vez llegan al insight, y casi nunca a la decisión. El data storytelling trabaja justo en esa transición: ayuda a los datos a subir la escalera. De nada sirve una visualización preciosa que no mejora la comprensión, ni una narrativa convincente sin evidencia debajo, ni un informe exhaustivo que no ayuda a decidir.

## La ilusión de objetividad

Los datos se presentan como algo objetivo, y en parte lo son: una fecha, una transacción o una medición tienen una existencia verificable. Pero el trabajo *con* datos está lleno de decisiones humanas, una detrás de otra.

Decides qué medir y qué dejar fuera. Cómo definir una métrica. Qué periodo comparar. Qué consideras un valor atípico y qué descartas. Qué gráfico usas, en qué escala, qué destacas en la diapositiva y qué explicación te parece más plausible. Cada una de esas elecciones inclina la interpretación final.

Esto no convierte los datos en algo arbitrario, pero sí obliga a trabajar con ellos de forma responsable. Por muchos números que manejes, la objetividad no viene de serie; hay que construirla con método, transparencia y contraste.

La inteligencia artificial añade una capa nueva a este viejo problema. Cuando una herramienta de IA analiza unos datos y te devuelve una explicación redonda, bien redactada y segura de sí misma, es muy fácil tomarla por neutral. No lo es. El modelo opera sobre patrones, supuestos, datos de entrenamiento y límites de diseño; puede equivocarse, inventar una explicación verosímil o presentar como evidente algo que habría que verificar. Por eso, lejos de volverse prescindible, en la era de la IA tu criterio sobre los datos se vuelve **más** necesario. La IA acelera la interpretación, desde luego, pero con la misma facilidad acelera también el error.

## El problema no es solo técnico

Durante mucho tiempo tratamos esto como un problema de herramientas. Si una organización no decidía bien con datos, la receta parecía clara: comprar una plataforma mejor, contratar perfiles más especializados, centralizar la información, construir cuadros de mando más sofisticados.

Todo eso puede hacer falta. Pero no basta, porque el problema de los datos también es cultural, organizativo y comunicativo.

Es **cultural** porque depende de cómo una organización valora la evidencia, tolera la incertidumbre y gestiona el desacuerdo. Es **organizativo** porque los datos suelen vivir fragmentados entre departamentos, sistemas y definiciones que no coinciden: lo que marketing llama «cliente activo» no es lo que lo llama finanzas. Y es **comunicativo** porque los datos hay que explicárselos a personas con conocimientos, intereses y márgenes de actuación muy distintos.

Una misma visualización no sirve igual para un analista que para un comité ejecutivo. Una misma métrica no significa lo mismo en finanzas que en operaciones. Un mismo hallazgo pide una explicación técnica, una implicación estratégica o una recomendación práctica según quién lo reciba. Ahí es donde el data storytelling actúa como puente: entre el análisis y la decisión, entre los especialistas y el negocio, entre la complejidad técnica y la claridad ejecutiva.

La IA puede ayudarte a tender ese puente: adaptar el tono de un informe, reescribir una explicación para otra audiencia. Pero no conoce las tensiones internas de tu organización, no sabe qué decisiones son políticamente viables y no siempre distingue qué detalle será decisivo para una persona concreta. El contexto sigue siendo humano.

## Cuando los datos no cambian nada

Hay un síntoma inconfundible de una cultura de datos enferma: informes que se repiten una y otra vez sin provocar ninguna decisión.

Cada semana se actualizan los mismos cuadros de mando. Cada mes se presentan los mismos indicadores. Todos los reciben, algunos los miran, pocos los discuten y casi nadie cambia su comportamiento a partir de ellos. No todos esos informes son inútiles: algunos cumplen funciones de control o de cumplimiento. Pero cuando un sistema de *reporting* nunca genera una pregunta, una conversación o una decisión, conviene preguntarse para qué existe.

Un buen informe debería provocar una reacción: «ahora entiendo qué pasa», «no había visto este patrón», «tenemos que investigar esta desviación», «esta hipótesis no se sostiene», «hay que actuar antes de que el problema crezca». Si los datos no despiertan ninguna forma de atención, aprendizaje o acción, casi siempre es porque no se están comunicando bien: sobran métricas o falta jerarquía, falta contexto o falta comparación, falta una narrativa que conecte los números con decisiones concretas.

Y luego está el caso más delicado: que los datos sean, sencillamente, incómodos. No todas las organizaciones quieren oír lo que sus datos dicen. A veces contradicen a quien tiene poder, revelan una ineficiencia o anticipan un riesgo que nadie quiere asumir. En esos momentos el problema deja de ser analítico y pasa a ser político. El data storytelling honesto hace los datos comprensibles y útiles **incluso cuando incomodan.**

## La oportunidad y la trampa de la IA generativa

La inteligencia artificial generativa llega justo cuando más falta hace mejorar nuestra relación con los datos, y su potencial es enorme. Puede rebajar las barreras técnicas, ayudarte a formular preguntas, explicar un concepto, acelerar tareas repetitivas y traducir entre el mundo técnico y el de negocio. Alguien que antes dependía por completo de un equipo analítico puede hoy explorar una primera lectura de sus propios datos. Un docente puede generar ejemplos para explicar un indicador. Un consultor puede probar cinco versiones de una misma narrativa ejecutiva antes de elegir la buena.

Pero la IA no resuelve la paradoja de los datos por sí sola. De hecho, puede agrandarla.

Si antes teníamos demasiados cuadros de mando, ahora podemos tener demasiados análisis generados en automático. Si antes había informes que nadie leía, ahora puede haber resúmenes que nadie verifica. Si antes producíamos gráficos poco adecuados, ahora podemos producir muchos más, y más rápido. La velocidad no garantiza calidad; solo multiplica lo que ya hacíamos, para bien y para mal.

Por eso la pregunta central de este libro no es «¿cómo uso la IA para producir más análisis?», sino otra muy distinta: **«¿cómo uso la IA para comprender mejor y decidir con más criterio?».** Usarla para producir más aumenta el ruido. Usarla para pensar mejor aumenta el valor. Toda la diferencia está ahí.

## Del profesional que informa al profesional que interpreta

En este escenario también cambia tu papel.

Durante años, mucha gente entendió su función como producir informes: recopilar, ordenar, visualizar y distribuir. Esa función seguirá existiendo, pero buena parte de ella va a automatizarse. Lo que no se automatiza es la **interpretación**. Que es, de hecho, lo que se vuelve más valioso.

El profesional que marca la diferencia ya no es quien entrega un cuadro de mando, sino quien ayuda a entender qué significa. No es quien produce más gráficos, sino quien elige los que importan. No es quien construye la presentación más larga, sino quien arma la narrativa más clara para tomar una decisión. A medida que la producción técnica se automatiza, el criterio sube de precio.

Este es uno de los grandes argumentos del libro y prefiero dejarlo claro desde ahora: **la IA no elimina la necesidad de data storytelling, sino que la lleva a un nivel más estratégico.** Hacer data storytelling aumentado por IA es apoyarte en la máquina para pensar, explorar y comunicar mejor.

## Una nueva competencia profesional

La paradoja de los datos nos lleva a una conclusión práctica: trabajar con datos en la era de la IA exige una competencia nueva, que no se reduce a ninguna de sus partes.

No basta con saber leer una tabla, ni con crear un gráfico, ni con manejar una herramienta de IA o escribir un buen *prompt*. Hace falta integrar varias capacidades en un mismo gesto profesional: comprender el problema, formular buenas preguntas, evaluar la calidad de los datos, analizar patrones, elegir la visualización adecuada, construir una narrativa honesta, adaptarla a la audiencia, usar la IA con espíritu crítico y, al final de todo, tomar una decisión y responder por ella.

Esta competencia no pertenece a un único perfil. La necesitan tanto la dirección como el equipo analítico, marketing y finanzas, recursos humanos y la gestión pública, el aula y la consultoría. Y la buena noticia es que **se aprende**. El data storytelling no es ningún talento misterioso reservado a personas especialmente creativas, sino un conjunto de principios, métodos y prácticas. La IA, bien usada, puede acelerar ese aprendizaje, haciendo de tutor, de copiloto, de generador de alternativas y de crítico que te lleva la contraria cuando lo necesitas. Pero la responsabilidad de pensar sigue siendo tuya.

## Idea clave del capítulo

La paradoja de los datos es esta: tenemos más información que nunca y no necesariamente más comprensión ni mejores decisiones. No se resuelve acumulando más datos, generando más cuadros de mando ni automatizando más informes, sino mejorando nuestra capacidad de **interpretar, comunicar y actuar** a partir de lo que ya tenemos.

La IA generativa puede ser una palanca poderosa en esa dirección, siempre que la uses con criterio. Puede ayudarte a explorar, resumir, explicar y narrar; también puede fabricar errores, simplificaciones y falsas certezas con una seguridad desconcertante. Por eso el futuro del trabajo con datos dependerá de tu capacidad para combinar datos, inteligencia artificial y juicio humano.

El próximo capítulo aterriza esta paradoja en el lugar donde se hace más visible: los *dashboards*. Nacieron para mejorar la toma de decisiones y demasiadas veces acaban convertidos en escaparates de indicadores que informan mucho y orientan poco.

**Tres preguntas para tu contexto.**

1. ¿Cuántos de los datos que recibes cada semana cambian realmente una decisión?
2. ¿Puedes nombrar la última vez que un dato te hizo cambiar de opinión?
3. ¿Tu organización acumula datos o construye comprensión con ellos?

**Un ejercicio.** Coge el último informe que recibiste y subraya solo lo que habría cambiado una decisión. Mide qué porcentaje del documento queda subrayado.

CAP 2.

# El fracaso silencioso de muchos dashboards

*Un panel puede estar impecable, actualizado y lleno de cifras, y aun así no ayudarte a decidir nada.*

Dispones de un cuadro de mando en tu empresa, que alguien diseñó con esmero. Está conectado a buenas fuentes, se actualiza solo, tiene métricas relevantes y colores cuidados. Todo el mundo tiene acceso. Y casi nadie lo abre para decidir nada. Se mira de reojo antes de la reunión, se comenta una cifra suelta y se cierra. No falla por roto: falla en silencio.

Ese es el fracaso silencioso de muchos dashboards. No se caen, no dan error, no muestran datos equivocados. Simplemente no cambian ninguna decisión. Y como contienen datos y parecen útiles, nadie cuestiona si de verdad lo son.

El malentendido no suele ser técnico. Power BI, Tableau, Looker, Qlik o una buena hoja de cálculo permiten construir paneles muy capaces. El problema está más arriba: muchos cuadros de mando **informan, pero no orientan**. Muestran indicadores sin explicar qué significan. Dejan ver qué ha pasado sin ayudarte a entender por qué, ni qué deberías hacer a continuación. Y un panel que no mueve decisiones es, en el fondo, un repositorio caro.

## El escaparate de todo lo que se puede medir

El error más común es convertir el cuadro de mando en un almacén visual de métricas. La lógica es tentadora y silenciosa: si un indicador *podría* ser importante, lo incluimos; si un departamento lo pide, lo añadimos; si el dato existe, lo enseñamos. Nadie decide nunca quitar nada. Y así, mes a mes, el panel engorda.

El resultado es una pantalla con demasiadas tarjetas, demasiados gráficos, demasiados filtros y demasiados colores compitiendo por tu atención, todos al mismo nivel. Aquí aparece una paradoja cruel: el dashboard se creó para reducir la complejidad y termina trasladándotela entera. En lugar de responder a una pregunta, te obliga a adivinar cuál era. En lugar de señalarte qué merece atención, te pide que inspecciones la pantalla y construyas tú la interpretación.

Un buen cuadro de mando no es un escaparate de todo lo que puedes medir. Es una herramienta con una finalidad. La pregunta de partida es *qué decisión queremos facilitar*.

## Seguir no es decidir

Conviene distinguir dos cosas que se confunden todo el tiempo: seguir y decidir.

Un panel de seguimiento sirve para observar el estado de una actividad: vamos según lo previsto, hay una desviación, este indicador está por debajo del objetivo. Es vigilancia, y es necesaria. Un panel para decidir va un paso más allá: ayuda a interpretar opciones de acción. Qué problema es prioritario, qué variable explica mejor la desviación, qué segmento concentra el riesgo, qué decisión concreta está sobre la mesa.

Muchas organizaciones creen tener cuadros de mando de decisión cuando lo que tienen son cuadros de seguimiento. No es un pecado, porque el control operativo hace falta, pero conviene no confundir las funciones. Un panel que solo muestra métricas actualizadas vale para vigilar; no basta para una conversación estratégica.

*Figura 2.1 · Los mismos datos, distinta utilidad. El de la izquierda muestra; el de la derecha guía hacia una decisión.*

Aquí la IA puede ayudar de verdad: convertir un panel descriptivo en una conversación diagnóstica. Puede leer una tabla de resultados, proponer posibles causas, detectar anomalías o sugerir preguntas de seguimiento. Pero sus hipótesis son eso, hipótesis; hay que contrastarlas con los datos, el contexto y el conocimiento del negocio antes de darlas por buenas.

## ¿Para quién, y para qué pregunta?

Todo cuadro de mando tiene una audiencia, aunque pocas veces se diseñe pensando en ella. La mayoría se construyen desde la lógica de los datos disponibles, o desde la de quien los produce, no desde la de quien tiene que usarlos para actuar.

Un analista puede entregar un panel técnicamente impecable y, a la vez, ilegible para un comité. Un directivo puede pedir «todos los indicadores posibles» y luego no tener tiempo de leer ninguno. Un equipo operativo necesita detalle accionable y recibe una vista demasiado agregada. Antes de construir nada, vale la pena responder a unas pocas preguntas incómodas: quién usará esto, qué decisiones debe tomar, cada cuánto lo mirará, qué margen de acción tiene y qué necesita ver *primero*.

Esa última palabra es la clave, porque enlaza con el síntoma más revelador de un panel débil: que no sabes qué pregunta responde. Abres una página llena de gráficos y tarjetas y ninguna te dice por dónde empezar a mirar. Un buen cuadro de mando se diseña alrededor de una pregunta (¿estamos cumpliendo el objetivo de ventas?, ¿qué canales traen clientes más rentables?, ¿qué perfiles tienen más riesgo de marcharse?), y esa pregunta funciona como criterio editorial: decide qué va en portada, qué se desarrolla después y qué queda como detalle. Un buen panel tiene jerarquía; uno malo, acumulación.

## Bonito no es claro

La estética importa: un panel cuidado transmite profesionalidad y reduce fricción. Pero cuidado con confundir bonito con claro. Un dashboard atractivo puede ser inútil y uno sobrio puede ser excelente. El objetivo es ayudar a comprender, y eso pide disciplina visual: jerarquía, contraste, consistencia y, sobre todo, color con significado en lugar de color de adorno. La pregunta correcta nunca es «qué gráfico queda más llamativo», sino «qué forma visual permite entender mejor este dato». A menudo, una simple línea temporal gana a la visualización sofisticada.

Y un cuidado más, este de fondo: un indicador solo, sin contexto, casi nunca dice nada. Una tarjeta con una conversión del 3,2 % no te dice si es buena o mala; depende del sector, del canal, del histórico, del coste de adquisición y del margen. El dato aislado queda suspendido en el aire. Para aterrizarlo necesita al menos una referencia (objetivo, periodo anterior, media histórica, *benchmark*, umbral de alerta) y, cuando ayuda, una anotación que recuerde qué pasó ese mes. La IA puede redactar esas anotaciones o resumir las variaciones respecto al periodo anterior, pero no debe inventarse el contexto que no le has dado.

## Un cuadro de mando también cuenta una historia

La palabra *historia* incomoda en entornos analíticos; suena a ficción o a manipulación. En data storytelling no es ninguna de las dos cosas. Una historia es, sencillamente, una estructura de sentido.

Un cuadro de mando puede contarla a su manera. No necesita un principio, un nudo y un desenlace cerrados, pero sí ordenar tu atención: primero una visión general, después dónde está la variación importante, luego qué la explica y, por último, qué requiere acción o investigación. Eso no es manipular la lectura; es guiarla. Una página ejecutiva bien pensada responde, en ese orden, a cuál es el estado global, qué ha cambiado, dónde se concentra el cambio, qué lo explica mejor y qué exige atención ahora. La diferencia entre un panel que se consulta y uno que se ignora suele estar justo ahí.

## Dar acceso no es dar comprensión

Uno de los argumentos estrella a favor de los dashboards es que «democratizan» el dato: si más gente puede consultar la información, la organización decide mejor. La idea es razonable, pero esconde un salto. Acceder no es comprender. Dar a alguien un panel no garantiza que sepa interpretarlo, ni que entienda cómo se calcula cada indicador o qué limitaciones tienen los datos. La democratización real del dato no se compra con licencias; se construye con alfabetización.

La IA puede acortar parte de esa distancia explicando indicadores en lenguaje natural. Qué significa este KPI, por qué ha subido, qué deberías mirar ahora. Eso mejora mucho la experiencia. Pero también pide gobernanza: si cada persona le pregunta a un asistente distinto y recibe interpretaciones distintas, acabarás con más confusión, no menos.

Hay un último matiz que casi nadie tiene en cuenta: un cuadro de mando no se termina el día que se publica. Es un producto vivo. Las métricas cambian, la estrategia cambia, los usuarios aprenden. Lo que era relevante hace seis meses puede haber dejado de serlo. Por eso conviene revisarlo con honestidad cada cierto tiempo: quién lo usa de verdad, qué páginas no mira nadie, qué decisiones se toman gracias a él. Un panel exitoso es el que se cuela en las rutinas de decisión. Si nadie lo discute ni decide a partir de él, su valor real es casi nulo.

## El cuadro de mando que conversa

El futuro del dashboard será probablemente conversacional, además de visual. Durante años el patrón fue siempre el mismo: mirar, filtrar, comparar y sacar conclusiones a mano. Con la IA generativa aparece otra vía: preguntarle a los datos. Por qué han caído las ventas, qué segmento explica la desviación, cuáles son los tres hallazgos principales, qué preguntas deberías hacerte antes de decidir.

Es una promesa potente y, a la vez, un terreno resbaladizo. Un panel conversacional mal diseñado produce respuestas convincentes pero equivocadas: infiere causa donde solo hay correlación, omite limitaciones metodológicas o prefiere la explicación más plausible a la más cierta. Para que sume en lugar de restar, necesita cimientos poco glamurosos: definiciones claras de cada métrica, fuentes verificables, trazabilidad de los cálculos, avisos sobre los límites y una distinción explícita entre hechos, hipótesis e interpretaciones.

## Idea clave del capítulo

Muchos dashboards fracasan en silencio porque se quedan en mostrar datos sin ayudar a interpretarlos ni a conectarlos con decisiones. El problema rara vez es técnico: es de propósito, de audiencia, de jerarquía, de contexto y de narrativa.

La IA generativa puede transformarlos añadiéndoles capas que antes no tenían (resúmenes, explicación de variaciones, generación de hipótesis, asistencia en la exploración), pero también puede amplificar los errores si trabaja sobre datos confusos y sin supervisión. El cuadro de mando del futuro no será simplemente más visual ni más automático. Será más interpretativo.

El próximo capítulo recorre, peldaño a peldaño, el camino que un buen panel debería ayudar a subir: el que va del dato en bruto hasta la acción que cambia la realidad.

---

**Tres preguntas para tu contexto.**

1. ¿Quién abre vuestro dashboard principal y para decidir qué?
2. ¿Cuántos indicadores tiene y cuántos se miran de verdad?
3. ¿Qué pregunta de negocio responde cada bloque de ese cuadro de mando?

**Un ejercicio.** Elige un dashboard de tu organización y escribe, junto a cada indicador, la decisión concreta que ayuda a tomar. Los que se queden en blanco, sobran.

CAP 3.

# De los datos a la acción

*Un dato puede ser correcto, estar bien registrado y, aun así, no decirte qué hacer.*

Los dos capítulos anteriores describen el mismo problema desde dos ángulos. Tener más datos no es comprender mejor. Y un cuadro de mando puede mostrarlo todo sin ayudar a decidir nada. Bajo ambos late la misma confusión: creer que **representar** datos es lo mismo que **generar** conocimiento.

Esa confusión se nota en muchas organizaciones. Se compran herramientas, se levantan dashboards, se automatizan informes, se definen KPIs, se montan comités de seguimiento. Y el salto que de verdad importa, pasar de mirar datos a actuar con más cabeza, no siempre se produce. Porque el valor de un dato no está en que exista, ni siquiera en que se vea bonito. Está en que te ayude a entender una situación y a tomar una decisión mejor.

Para llegar ahí conviene separar capas que tendemos a mezclar. En el primer capítulo las dibujamos como una escalera: dato, información, conocimiento, insight, decisión y acción. Ahora subámosla peldaño a peldaño, porque entender dónde te quedas atascado es el primer paso para desatascarte. Y añadiremos un último escalón que cierra el círculo: el aprendizaje.

## Los peldaños, uno a uno

Un **dato** es la unidad mínima de registro: una venta de 120 euros, una fecha, un cliente clasificado como mediana empresa, una satisfacción de 7 sobre 10. Es necesario, pero por sí solo casi nunca explica nada. Y no es tan inocente como parece: para que exista, alguien decidió antes qué observar, cómo medirlo y con qué definición. Si mides la productividad solo por tareas cerradas, dejas fuera su dificultad, su calidad y su impacto. Esto pesa más en la era de la IA: una herramienta generativa puede analizar una base entera, pero si los datos están mal definidos o sesgados, su respuesta heredará el sesgo. La IA no convierte malos datos en buenas decisiones.

La **información** aparece cuando ordenas y contextualizas esos datos. Un listado de ventas es dato; una tabla de ventas por mes, región y categoría empieza a ser información; compararla con el objetivo y con el año anterior lo es aún más. La información responde a las preguntas descriptivas (qué, cuánto, dónde, cuándo, a quién) y reduce el caos inicial. Pero tampoco basta. Un panel puede decirte que las ventas han caído un 8 % en el norte; eso es información. Todavía no sabes por qué, ni si la caída es pasajera o estructural, ni si afecta a todos los productos o solo a algunos.

El **conocimiento** llega cuando interpretas esa información dentro de un marco de sentido. Siguiendo el ejemplo: las ventas del norte caen un 8 %, la caída se concentra en clientes nuevos, coincide con un recorte en captación y los clientes antiguos compran igual que siempre. Conclusión: el problema no está en fidelizar, sino en captar. Ya no describes; conectas. Y conectar exige contexto de negocio: saber qué cambió, qué se decidió antes, qué no aparece en la base de datos. Es justo aquí donde la IA flaquea: detecta patrones, pero no sabe si hubo un cambio de proveedor, una tensión interna o una incidencia que los datos no recogen. Por eso conviene usarla para **generar hipótesis**, no para aceptar conclusiones.

El **insight** es el peldaño que la gente más nombra y peor usa. No todo hallazgo lo es. «Las ventas han bajado» es un hallazgo; un insight es una comprensión que cambia tu forma de ver el problema y abre una vía de acción: *no es que vendamos menos, es que estamos captando clientes menos rentables*; *la rotación no está repartida, se concentra en los empleados de alto desempeño a partir del segundo año*; *el abandono de un estudiante no empieza cuando deja de entregar tareas, sino semanas antes, cuando baja su interacción*. Un buen insight es relevante, clarificador y accionable. La IA puede sugerirte candidatos, pero valorar cuál importa depende del contexto y de la decisión que tienes delante.

La **decisión** llega cuando eliges entre alternativas, que es algo bien distinto de sacar una conclusión. Muchas presentaciones terminan en conclusión y se quedan ahí. «El coste de adquisición ha subido un 20 %» es una conclusión. «Reduciremos la inversión en los canales con coste por encima del margen medio y moveremos ese presupuesto a retención durante seis semanas» es una decisión. La decisión pide concreción: qué haremos, qué no, quién, cuándo, con qué riesgo y con qué indicador la evaluaremos.

La **acción** es el eslabón final, y el más importante, porque es donde la realidad cambia: ajustar una campaña, rediseñar un proceso, contactar un segmento, parar una iniciativa que no funciona. Y la acción arrastra un séptimo movimiento, el **aprendizaje**: después de actuar, observas si la realidad se mueve en la dirección esperada, y eso genera nuevos datos que reinician el ciclo.

## Dónde se atasca cada organización

Esta escalera sirve, además, como diagnóstico. Cada organización se atasca en un peldaño distinto. Unas tienen un problema de datos: no recogen lo suficiente, o su calidad es baja. Otras, de información: los datos existen, pero dispersos y mal estructurados. Otras producen informes de sobra pero no interpretan: problema de conocimiento. Otras analizan muchísimo y no encuentran nada relevante: problema de insight. Y otras llegan al insight y no deciden ni actúan.

El error caro es creer que todos esos atascos se arreglan con la misma compra. Un dashboard nuevo ayuda si el problema era el acceso a la información; no te dará criterio estratégico si lo que falta es saber qué quieres conseguir. Una herramienta de IA acelera el análisis; no compensa la ausencia de un objetivo claro. Antes de invertir en tecnología, conviene saber en qué peldaño te has quedado.

## El data storytelling como puente

El data storytelling es lo que ayuda a subir esos peldaños. No empieza cuando el análisis ya está hecho, sino mucho antes, al formular la pregunta que lo orienta; y no termina con una diapositiva bonita, sino cuando la audiencia entiende lo bastante para pensar, decidir o actuar mejor. Interviene sobre todo en cuatro tramos: de la información al conocimiento (interpretar), del conocimiento al insight (destacar lo relevante), del insight a la decisión (conectar con alternativas) y de la decisión a la acción (traducir en plan). No es una capa cosmética sobre el análisis; es lo que hace que el análisis tenga efecto.

Por el camino acecha una tentación: enamorarse del insight. Un buen insight da satisfacción intelectual, luce en una reunión, capta la atención. Pero si no se traduce en decisión y acción, se queda en una idea interesante. *Los clientes no se van por precio, sino por falta de acompañamiento en los primeros treinta días* es valioso solo si abre las preguntas siguientes: qué cambiamos en el acompañamiento, quién lo hace, a qué coste, con qué indicador. La IA agrava el riesgo porque es buenísima fabricando frases memorables; conviene no confundir una buena frase con una buena decisión. Todo insight importante debería venir acompañado de su implicación.

## Explicar no es manipular

Cuando cuentas datos no solo informas, también influyes en cómo otros entienden el problema. Seleccionas evidencias, ordenas la secuencia, destacas unas cosas y propones una interpretación. Eso es poder, y la pregunta ética es si lo usas para aclarar o para manipular. Un relato responsable muestra la evidencia relevante, reconoce la incertidumbre, distingue hechos de interpretaciones, presenta alternativas y no esconde los datos incómodos. Un relato manipulador elige solo lo que conviene, exagera, recorta el contexto y presenta como inevitable una decisión que era discutible. La IA sirve para las dos cosas. Por eso la buena narrativa de datos es la que mejora la calidad de la decisión, no la que gana la discusión.

De ahí una matización necesaria a una frase muy repetida: hay que decidir «basándose en datos». Cierto, pero decidir *con* datos no es decidir *solo* con datos. Los datos son una fuente de evidencia esencial, no la única: también pesan la experiencia, el criterio, el contexto, los valores, las restricciones y las consecuencias humanas. Los datos dicen qué pasó, sugieren por qué y ayudan a comparar opciones; rara vez te dicen qué deberías valorar más. La IA tampoco asume esa responsabilidad. Cuanto más potentes son las herramientas, más necesario es preguntar quién decide, con qué criterios y con qué consecuencias.

## De la pregunta a la acción: el ciclo D.I.C.E.A.

Para que el trabajo con datos no degenere en una sucesión de informes, ayuda seguir una secuencia. La he resumido en cinco movimientos fáciles de recordar: **D.I.C.E.A.**

*Figura 3.1 · El ciclo D.I.C.E.A. No es una línea recta: la última etapa, el aprendizaje, reinicia el proceso.*

**D**efinir la decisión es aclarar qué elección quieres mejorar, quién la toma y qué opciones hay: no «analizar ventas», sino «decidir si redistribuimos el presupuesto comercial entre regiones». **I**nterpretar los datos es observar patrones, revisar su calidad y contextualizarlos. **C**onstruir el insight es dar con la comprensión que de verdad cambia la mirada. **E**legir una alternativa conecta ese insight con opciones concretas, con sus riesgos y su indicador de seguimiento. Y **A**ctuar y aprender convierte la decisión en plan, ejecución y revisión. El marco no sustituye a métodos analíticos más avanzados; su valor es recordarte dos cosas que se olvidan: que el análisis sirve a una decisión, y que la acción debe generar aprendizaje.

El orden parece lineal, pero en la práctica es iterativo: al analizar cambian las preguntas, al comunicar surgen dudas, al actuar se aprende. Y una advertencia: la IA puede apoyar cada fase, pero el método debe dirigir a la IA, no al revés. Automatizar un informe malo solo produce un informe malo más deprisa; automatizar un análisis con datos pobres amplifica el error. Como ahora generar una conclusión cuesta segundos, verificarla importa más que nunca.

Hay, por último, una pregunta que casi nadie formula y que vale por todo el método: *¿qué cambiará si este análisis funciona?* Si no sabes qué debería cambiar después, probablemente no estás ante una decisión, sino ante un ejercicio de reporting. A la IA puedes pedirle precisamente eso: que convierta un «quiero analizar ventas» en preguntas de decisión, con los datos que harían falta y la acción que podría derivarse.

## Crecer no siempre es ganar

Pongámoslo en una escena. Una empresa vende cursos online de IA para profesionales. En tres meses las ventas suben, pero el margen medio baja. A primera vista, buena noticia: se vende más. El análisis cuenta otra historia.

La decisión no es «analizar ventas», sino «decidir si mantenemos la política de descuentos o la cambiamos para recuperar margen sin frenar el crecimiento». Al mirar los datos aparece el patrón: las ventas crecen un 18 %, el margen cae un 7 %, el crecimiento se concentra en campañas con descuentos altos, los cursos más rebajados se terminan menos y esos clientes apenas compran un segundo curso. El insight se formula solo: *el crecimiento viene de descuentos que suben el volumen pero atraen clientes menos rentables y menos comprometidos*. El problema no es vender más, sino crecer sobre una base más débil. La acción: probar seis semanas con menos descuento general y paquetes de valor en dos segmentos de alto potencial, midiendo conversión, margen, recurrencia y finalización. La empresa no solo actúa: aprende. Eso es D.I.C.E.A. en una página.

## Cuando la decisión toca a personas

Mientras los datos viven en un informe, su impacto parece limitado. En cuanto se traducen en acciones que afectan a personas, oportunidades o evaluaciones, la responsabilidad cambia de escala. Un análisis de rotación influye en cómo se trata a ciertos empleados; un modelo de riesgo académico condiciona la atención que recibe un estudiante; una segmentación puede dejar a unos clientes fuera de una oferta.

Por eso el paso a la acción exige preguntas que no son técnicas: a quién afecta esta decisión, qué consecuencias tiene, si hay grupos perjudicados, si los datos son representativos, si la interpretación puede reforzar un sesgo y si las personas afectadas tendrían derecho a una explicación. Ninguna de esas preguntas es un trámite. Forman parte del criterio, y ese criterio no lo puede asumir por ti ninguna herramienta.

## Idea clave del capítulo

Convertir datos en acción es recorrer una cadena (dato, información, conocimiento, insight, decisión, acción y aprendizaje) en la que muchas organizaciones se quedan en los primeros peldaños. El data storytelling vale porque ayuda a subirla entera: enlaza la evidencia con el contexto, el insight con la decisión y la decisión con la acción. La IA generativa puede acelerar y enriquecer ese recorrido, pero también fabricar falsas certezas si se usa sin método, sin validación y sin contexto. La IA sirve para pensar mejor con los datos, no para producir más análisis.

Con esto cerramos el diagnóstico. Sabemos qué falla y por qué. La siguiente parte responde a la pregunta que lo ordena todo: qué es, exactamente, el data storytelling.

---

**Tres preguntas para tu contexto.**

1. ¿En qué peldaño de la cadena (dato, información, conocimiento, insight, decisión, acción) se atasca tu equipo?
2. ¿Qué análisis reciente terminó en acción y cuál se quedó en informe?
3. ¿Aprendéis de las decisiones tomadas o pasáis a la siguiente sin revisar?

**Un ejercicio.** Toma una decisión reciente y reconstruye hacia atrás la cadena completa hasta el dato original. Donde se rompa el rastro, ahí tienes un problema de trazabilidad.

PARTE II

# Qué es realmente el data storytelling

CAP 4.

# Contar datos no es decorar gráficos

*Un gráfico precioso puede dejar a la audiencia exactamente igual de perdida que antes de verlo.*

Llevo años impartiendo formaciones de data storytelling en banca, energía y retail. Empresas distintas, equipos distintos, culturas distintas. Y en casi todas, alguien plantea la misma petición al empezar: «quiero que este informe de resultados quede bonito».

Es una petición razonable, y siempre significa lo mismo. Que el problema se percibe como un problema de acabado. Que lo que falla está en la última milla: en los colores, en la plantilla, en el gráfico que no acaba de lucir.

Al terminar la sesión, la conclusión suele ser otra. Lo que fallaba estaba mucho antes. En qué pregunta se había formulado, en qué insight se había trabajado, en qué gráfico se había elegido y para quién. El diseño era la parte visible de una cadena que empezaba mucho más arriba.

Es un malentendido caro, y la IA generativa lo va a agravar, porque cada vez será más fácil producir gráficos, infografías y narrativas automáticas que *parecen* convincentes sin serlo. Una máquina puede generar una visualización impecable sin entender la decisión que esa visualización debería facilitar.

Visualizar y narrar no son lo mismo. La visualización es una pieza importante dentro de algo más grande. Este capítulo va de ese algo más grande.

## Cuatro dimensiones, no una

La forma clásica de entender el data storytelling es como el cruce de tres dimensiones: datos, visualización y narrativa. Los datos aportan la evidencia; la visualización, claridad perceptiva; la narrativa, estructura de sentido. Cuando una falla, la historia se resiente: con buena narrativa y buen gráfico pero datos débiles tienes una presentación atractiva y poco fiable; con datos y narrativa pero mala visualización, la audiencia no llega a ver el patrón; con datos y gráficos pero sin narrativa, tienes un análisis correcto que no guía la interpretación.

A esa tríada hay que añadirle una cuarta dimensión que lo sostiene todo: el contexto. Los datos nunca se interpretan en el vacío. Necesitan contexto de negocio, temporal, humano y de decisión. La misma cifra significa cosas distintas en situaciones distintas.

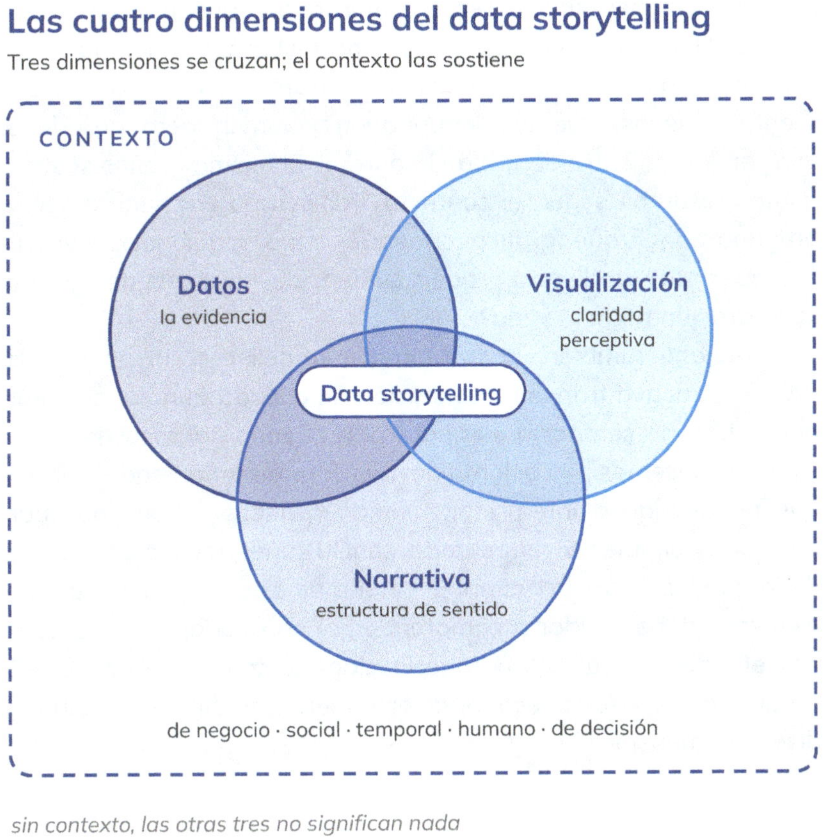


*Figura 4.1 · Datos, visualización y narrativa se cruzan; el contexto es el terreno en el que todo cobra sentido.*

La IA puede echar una mano en las cuatro, pero con fiabilidad desigual: procesa datos si están bien estructurados, sugiere visualizaciones y redacta narrativas con soltura, e incorpora contexto... solo si se lo das. No sabe por sí sola qué contexto es relevante. Eso lo pones tú.

De aquí se sigue el error más repetido en las presentaciones de datos: creer que el gráfico cuenta la historia solo. A veces una visualización es tan clara que el patrón se ve de inmediato; aun así, la audiencia necesita saber qué mirar, por qué importa y qué implica. Una línea que baja no es una historia. La historia puede ser que la caída empezó al recortar la captación, que solo afecta a clientes nuevos, que es pequeña en volumen pero grande en margen, o que entra dentro de lo normal. El mismo gráfico sostiene relatos distintos según el contexto. Por eso no conviene empezar preguntando «¿qué gráficos pongo?», sino «¿qué idea necesita entender la audiencia, qué evidencia la sostiene y qué comparación permite verla?».

Y de ahí, también, la trampa de embellecer sin aclarar. Un gráfico atractivo transmite sensación de calidad aunque no comunique; una presentación elegante parece más rigurosa de lo que es. Embellecemos sin aclarar de tres formas: añadiendo adornos que no ayudan a interpretar, usando gráficos sofisticados para relaciones simples y redactando conclusiones más contundentes de lo que los datos permiten. El criterio es siempre el mismo: cada elemento debe ayudar a comprender; si no ayuda, sobra. Esto no es defender la fealdad, porque la claridad también exige diseño (jerarquía, tipografía legible, color coherente), sino subordinar el diseño al mensaje.

## La narrativa no es ficción

La palabra *narrativa* despierta recelo en entornos analíticos, porque suena a invención o a manipulación emocional. En datos no es ninguna de las dos cosas: una narrativa es, simplemente, una forma de estructurar una explicación. No entendemos el mundo como una pila de hechos sueltos; necesitamos relaciones, secuencias, causas, contrastes y consecuencias. La narrativa aporta ese esqueleto.

Puede organizarse de muchas maneras: problema, evidencia, causa probable y decisión; situación, desviación, explicación y acción; hipótesis, análisis, validación y recomendación. Pero todas comparten una regla: la narrativa está al servicio de los datos, no al revés. El problema aparece cuando construyes la historia *antes* de mirar los datos, o cuando eliges solo los que encajan con la historia que querías contar. Ahí el storytelling deja de ser comprensión y se convierte en sesgo.

## Para quién, y para qué decisión

No contamos datos para los datos: los contamos para personas. Parece obvio, pero muchas presentaciones lo olvidan y se construyen desde la lógica del analista: se explica el proceso seguido, no la decisión que hay que tomar; se muestran todos los hallazgos, no los que le importan a quien escucha. Un comité quiere claridad estratégica, implicaciones y alternativas; un equipo técnico, precisión, supuestos y límites; un equipo comercial, qué cambia en su día a día. La IA puede ayudarte a versionar el mismo análisis para cada audiencia, pero adaptar no es lo mismo que distorsionar. Cambias la forma, la profundidad y el lenguaje; lo que no cambias es la verdad.

Y toda historia de datos vive dentro de un contexto de decisión. No basta con saber qué muestran los datos: hay que saber qué decisión está en juego, qué alternativas existen, qué restricciones hay y quién decide. Que una campaña rinda poco significa cosas distintas según el caso: si está aprendiendo, quizá toca esperar; si quema presupuesto, pausarla; si su objetivo era notoriedad y no conversión, a lo mejor estabas midiendo la métrica equivocada. Los datos no determinan la decisión: la informan dentro de un contexto.

## El mensaje central y los títulos que explican

Toda buena historia de datos necesita un mensaje central, y conviene no confundirlo con el tema. «Ventas del trimestre» es un tema: dice de qué vas a hablar. «El crecimiento se mantiene, pero depende cada vez más de descuentos que reducen el margen y atraen clientes menos recurrentes» es un mensaje central: dice qué has entendido. El mensaje central es la columna vertebral del relato; decide qué incluyes, qué excluyes y en qué orden. Si no cabe en una frase, probablemente aún no lo tienes claro.

Los títulos son su extensión natural. En demasiadas presentaciones los títulos solo etiquetan («ventas por región», «evolución mensual») y dicen qué hay en la diapositiva, no qué significa. Un título narrativo interpreta: «el canal con más volumen no es el más rentable», «la rotación crítica aparece tras el segundo año». Hay una prueba rápida y demoledora: lee solo los títulos de tu presentación, en orden. Si no se entiende la historia, los títulos no están haciendo su trabajo.

## El orden y la tensión

Con los mismos datos, el orden cambia el significado. No es lo mismo abrir por el problema que por el contexto, ni soltar diez gráficos antes de la conclusión que empezar por el mensaje y luego demostrarlo. Para una audiencia ejecutiva suele funcionar la pirámide invertida: primero la conclusión, después la evidencia, al final el detalle. Para un aula, una lógica de descubrimiento. Para un público técnico, método y límites por delante.

Y toda buena historia tiene tensión, aunque en datos esa tensión no se inventa, emerge del problema real. Un resultado esperado que no llega, una métrica que mejora mientras otra empeora, un crecimiento que esconde pérdida de rentabilidad, un promedio plácido que oculta desigualdades. «Las ventas suben» es información. «Las ventas suben, pero el margen cae» es tensión. «Las ventas suben porque captamos clientes menos rentables a golpe de descuento» ya es una historia de decisión. La tensión es lo que hace que a la audiencia le importe.

## Editar con honestidad

Una de las decisiones más difíciles es qué dejar fuera. Cuando has trabajado mucho un análisis, quieres enseñarlo todo; pero contar bien exige seleccionar, y seleccionar no es ocultar, es priorizar. Ayuda pensar en tres capas: la historia principal (lo imprescindible para entender el mensaje y la decisión), la evidencia de soporte (para responder las preguntas previsibles) y el detalle técnico (metodología, definiciones, tablas completas). El error es mezclar las tres en el relato principal. Editar es tan importante como analizar.

La otra cara de la edición es la honestidad. Un relato puede inducir a error usando datos correctos: por selección parcial, escalas engañosas, comparaciones injustas, promedios que tapan la dispersión o conclusiones causales no demostradas. La honestidad pide mostrar las comparaciones pertinentes, distinguir correlación de causalidad, reconocer los límites y ajustar el lenguaje a la certeza disponible: no es lo mismo «demuestra» que «sugiere», «apunta» o «requiere validación». Aquí la IA rinde bien como revisora crítica: pídele que cace exageraciones, afirmaciones causales sin respaldo o sesgos de selección. La honestidad hace la historia más sólida.

## Del gráfico decorativo a la historia

Veámoslo en un caso. Un gráfico de barras muestra las ventas por canal: email, pago, orgánico, afiliados, eventos. Titulado «ventas por canal», la audiencia ve que el canal de pago es el que más vende y concluye lo obvio: invirtamos más ahí.

Ahora añade margen, coste de adquisición, recompra y valor de vida del cliente. Resulta que el canal de pago vende más, pero tiene el coste más alto, el margen más bajo y menos recompra; el email vende menos en total, pero deja más margen y clientes más fieles. La historia ya no es «el canal de pago vende más», sino «el canal que más vende no es el que más valor genera, así que estamos optimizando volumen en lugar de rentabilidad». Y eso cambia la decisión: hay que revisar el reparto del presupuesto según el valor real, no meter más dinero donde hay más ventas. El gráfico apenas cambió; la historia, y la decisión, sí.

## Idea clave del capítulo

Contar datos no es decorar gráficos. Es construir una explicación clara, honesta y útil a partir de cuatro dimensiones (datos, visualización, narrativa y contexto) orientada a una audiencia y a una decisión concretas. La visualización es una parte importante del data storytelling, pero no lo agota.

La IA generativa puede ayudarte a contar mejores historias si la usas como apoyo al pensamiento: para detectar tensiones, generar hipótesis, adaptar mensajes y revisar sesgos. También puede fabricar relatos demasiado cerrados, vistosos y persuasivos sin rigor suficiente. El profesional aumentado por IA necesita, más que nunca, criterio narrativo además de analítico.

Y todo relato empieza antes que el dato: en la pregunta. De eso trata el próximo capítulo.

**Tres preguntas para tu contexto.**

1. ¿Tus presentaciones explican o solo muestran?
2. ¿Cuánta energía dedicas al diseño frente a la que dedicas a la narrativa y al contexto?
3. ¿Sabrías decir, de tu último gráfico, a qué audiencia y a qué decisión servía?

**Un ejercicio.** Coge una diapositiva tuya con datos y reescríbela partiendo del mensaje: primero la frase que quieres que recuerden, después el gráfico que la sostiene.

CAP 5.

# Las preguntas antes que las respuestas

*En la era de la IA, el problema ya no es conseguir respuestas. Es saber qué preguntar.*

Cuando tienes datos delante, la tentación es lanzarte a explorarlos. Abres la tabla, miras la serie, pruebas un gráfico, sigues una corazonada. Parece lo más objetivo: dejar que los datos hablen. Pero empezar por los datos esconde una trampa, y entender esa trampa es lo que separa un análisis que orienta de uno que solo entretiene.

Este capítulo defiende una idea sencilla y un poco incómoda: una buena historia de datos no empieza con los datos, sino con la pregunta.

## La falsa comodidad de empezar por los datos

Explorar lo que tienes es cómodo porque parece neutral. Pero cuando arrancas solo desde los datos disponibles, tus preguntas quedan condicionadas por lo que ya está medido. Y lo que está medido no siempre es lo importante. Una empresa puede tener montañas de datos de ventas y casi nada sobre satisfacción; puede medir la productividad operativa y no la calidad del trabajo; puede registrar cada clic y no entender ninguna motivación.

Conviene tener presente una cadena que casi nunca se hace explícita. Aquello que medimos acaba siendo visible; lo que es visible se analiza, y lo que se analiza termina pareciéndonos importante. El problema está en lo que queda fuera, porque hay cosas que importan mucho y que, sencillamente, nadie mide, así que nunca entran en la conversación. Ese sesgo aparece una y otra vez en el trabajo con datos, y consiste en confundir lo que está disponible con lo que es relevante.

La pregunta es la herramienta que te saca de ahí. No es lo mismo decir «veamos qué muestran los datos de clientes» que «queremos entender por qué los clientes nuevos compran una vez y no repiten». La segunda formulación orienta el análisis y, de paso, revela qué datos necesitas y cuáles te faltan.

## Cinco tipos de pregunta

No todas las preguntas hacen el mismo trabajo. Conviene distinguir cinco familias, porque cada una te lleva a un sitio distinto.

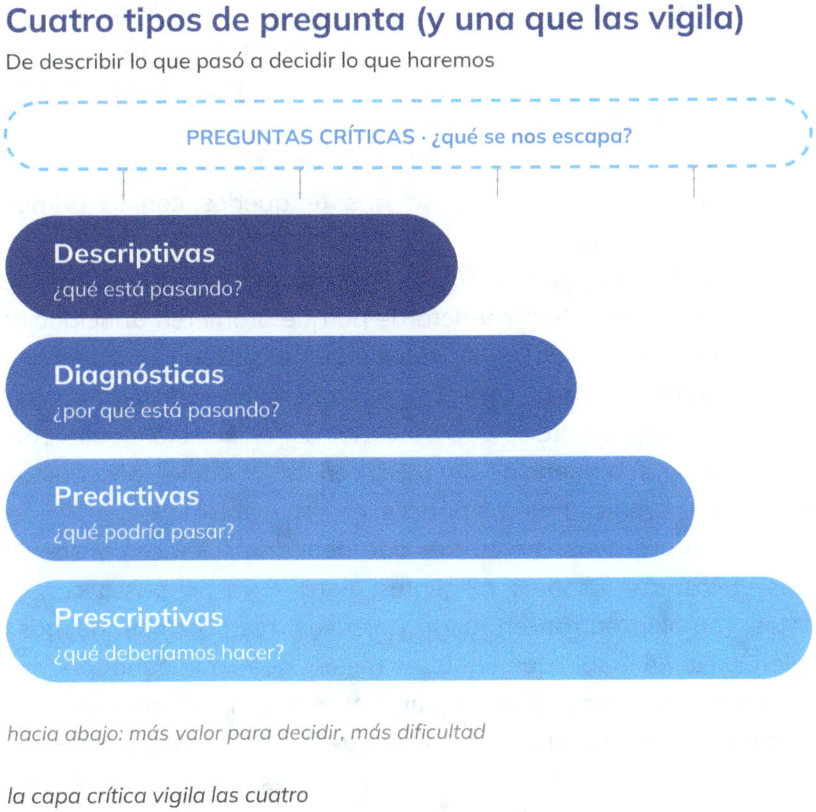


*Figura 5.1 · Cuatro tipos de pregunta que suben en valor y dificultad, y una quinta, la crítica, que vigila a las otras cuatro.*

Las **descriptivas** preguntan qué está pasando: qué ventas hemos tenido, cómo ha evolucionado la conversión, qué regiones están por debajo del objetivo. Construyen la base factual y un dashboard suele resolverlas bien. El error está en creer que bastan. Mejoran mucho cuando incluyen cinco ingredientes (métrica, periodo, segmento, comparación y propósito): no «cómo van las ventas», sino «cómo han evolucionado las ventas por región en los últimos seis meses frente al objetivo y al año anterior».

Las **diagnósticas** preguntan por qué: qué explica la caída de conversión, qué factores se asocian con la rotación. Exigen interpretación (cruzar variables, comparar segmentos, formular hipótesis) y piden prudencia, porque es aquí donde se confunde correlación con causalidad. La IA brilla generando hipótesis diagnósticas: amplía la mirada y evita que te quedes con la primera explicación cómoda.

Las **predictivas** miran al futuro: qué ventas esperar, qué clientes podrían marcharse. Son seductoras porque prometen anticipación, pero traen tres riesgos: dependen de que el pasado se parezca al futuro, crean una falsa sensación de precisión y se vuelven delicadas cuando afectan a personas. Conviene distinguir entre proyectar una tendencia, predecir con un modelo, describir un escenario y aventurar una hipótesis: no son lo mismo.

Las **prescriptivas** preguntan qué deberíamos hacer, y son las más valiosas y las más exigentes, porque ya no basta con los datos, también entran en juego objetivos, restricciones, riesgos y valores. No es igual «qué canal es mejor» que «qué canal priorizar el próximo trimestre si el objetivo es margen, no volumen, y el presupuesto es limitado». La IA puede ayudarte a estructurar la decisión (comparar alternativas, mapear riesgos), pero no debería apropiarse de las prioridades.

Y por encima de las cuatro están las **críticas**, que no buscan una respuesta inmediata sino revisar la calidad del razonamiento: qué supuesto estamos dando por bueno, qué dato falta, qué evidencia contradiría nuestra conclusión, qué grupo desaparece detrás del promedio. Introducen una fricción saludable. Aquí la IA rinde como contraparte: pídele que actúe de comité escéptico o de revisor metodológico, no para que confirme tu lectura, sino para que le encuentre las costuras.

## De una pregunta vaga a una pregunta útil

Buena parte del trabajo consiste, precisamente, en mejorar preguntas. Las que llegan suelen ser vagas («analicemos clientes», «veamos cómo va el negocio»), y una pregunta útil especifica qué quieres entender, sobre qué población, en qué periodo, con qué comparación, para qué decisión y con qué criterio de éxito. «¿Cómo van las ventas?» se convierte en «¿qué categorías explican la variación de ventas del último trimestre frente al año anterior, y cuáles priorizar para recuperar margen?». Es uno de los usos más productivos de la IA: pedirle que reformule una pregunta inicial en versiones descriptiva, diagnóstica, predictiva, prescriptiva y crítica. Así deja de darte solo respuestas y empieza a ayudarte a construir mejores puertas de entrada.

## Del *prompt engineering* al pensamiento interrogativo

En los primeros años de la IA generativa todo giraba en torno al *prompt engineering*, como si la competencia clave fuera escribir instrucciones astutas. Lo es, en parte. Pero en data storytelling importa más algo que está debajo: el pensamiento interrogativo, la capacidad de pensar mediante preguntas. Un *prompt* no es solo una orden técnica; es la expresión de una intención intelectual: qué problema ves, qué respuesta consideras útil, qué contexto aportas, qué límites pones. El profesional aumentado por IA no es quien sabe pedir «hazme una historia con estos datos», sino quien sabe preguntar qué decisión quiere mejorar, qué evidencia necesita, qué hipótesis compiten y qué sesgos podrían estar colándose.

## Idea clave del capítulo

Una buena historia de datos empieza con una buena pregunta. Los datos no significan nada por sí solos; cobran sentido cuando se conectan con una necesidad de comprensión, una audiencia y una decisión. Las descriptivas dicen qué pasa; las diagnósticas, por qué; las predictivas, qué podría pasar; las prescriptivas, qué hacer; las críticas vigilan supuestos, sesgos y límites.

La IA generativa es una aliada extraordinaria para mejorar preguntas, generar hipótesis, simular audiencias y revisar sesgos. Pero también amplifica una mala pregunta sin pestañear. En su era, tu valor estará en formular mejores preguntas.

Y antes de contar nada, conviene entender cómo mira quien va a escucharte. Eso es lo siguiente.

---

**Tres preguntas para tu contexto.**

1. ¿Empiezas tus análisis con una pregunta escrita o directamente con los datos?
2. ¿Tus preguntas son descriptivas o llegan al «por qué» y al «qué hacemos»?
3. ¿Quién decide, en tu equipo, qué merece la pena preguntarse?

**Un ejercicio.** Antes de tu próximo análisis, escribe cinco preguntas y clasifícalas por tipo. Descarta las que no cambiarían ninguna decisión.

CAP 6.

# Cómo pensamos cuando vemos datos

*Un gráfico no se interpreta con los ojos, sino con la mente. Y la mente tiene límites.*

Los ojos capturan estímulos (líneas, puntos, barras, colores, posiciones), pero quien organiza todo eso, compara magnitudes, detecta patrones y atribuye significado es la mente. Y no diseñas para una mente abstracta: diseñas para personas concretas, con atención limitada, memoria limitada, conocimiento desigual, sesgos y prisa.

Por eso un gráfico puede ser técnicamente impecable y, aun así, costar de entender; puede contener el dato relevante y no llevar la mirada hacia él; puede ser vistoso e inducir a una lectura errónea. Contar datos bien exige, antes que nada, entender cómo pensamos cuando los vemos. La IA puede generar visualizaciones a destajo, pero si no incorpora principios de percepción, producirá piezas que parecen profesionales y no comunican. La máquina acelera la producción; el criterio humano asegura la comprensión.

## Ver no es comprender, y la atención no sobra

Ver un gráfico no es entenderlo. Comprender exige identificar qué representa, qué compara, en qué escala, qué patrón destaca y qué conclusión es razonable. Y en una sala el tiempo para eso es mínimo: la audiencia no estudia tu gráfico con calma académica; mira, intenta orientarse, te escucha y decide en segundos si sigue prestando atención o desconecta. De ahí la primera regla: una visualización debe reducir fricción. Si necesita demasiada explicación para entender lo básico, casi siempre hay un problema de diseño o de selección de evidencia. El buen diseño dirige tu mirada hacia el dato que importa.

Porque la atención es un recurso escaso. No procesamos toda una página a la vez: miramos lo que destaca, lo que cambia, lo que contrasta. El error típico de dashboards y presentaciones es competir por esa atención en demasiados frentes, con muchas tarjetas, muchos colores y muchas leyendas. Todo grita y nada guía. Gestionar la atención es jerarquizar (qué se ve primero, qué después, qué queda en segundo plano) y, sobre todo, quitar lo que no aporta. Un detalle sobre la IA: si le pides una visualización «atractiva», tenderá a añadir; si le pides una «clara para esta decisión», tenderá a ordenar. El criterio va en la instrucción.

## Lo que el cerebro detecta antes de leer

Antes de leer una cifra o una etiqueta, el cerebro detecta ciertos atributos visuales casi al instante: posición, longitud, tamaño, color, orientación. Una barra mucho más larga, un punto de color entre grises, una línea que se tuerce de golpe: todo eso salta a la vista sin que lo busques.

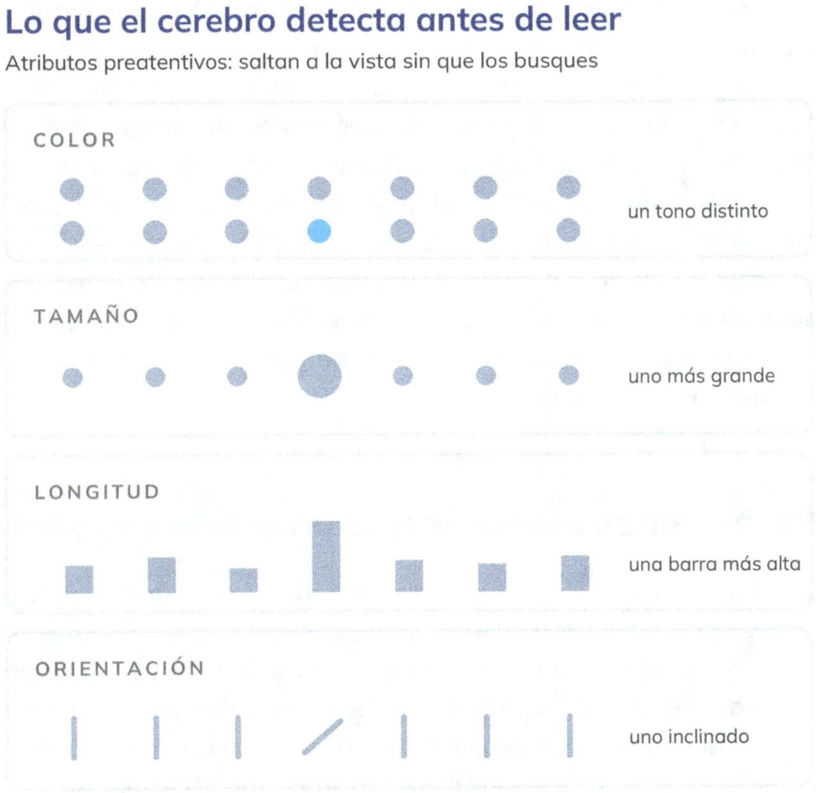


*Figura 6.1 · Atributos preatentivos. El elemento distinto se percibe antes de leer nada. Reserva esos recursos para el mensaje más importante.*

Esta capacidad es oro para guiar la mirada hacia el hallazgo principal... y un desastre si se malgasta. Si todo destaca, nada destaca. Cuando todos los elementos compiten por llamar la atención, la audiencia pierde la referencia de qué es importante. Utiliza el color, el contraste, el tamaño y las anotaciones con intención: resérvalos para dirigir la mirada hacia lo esencial. Sirven para guiar, no para adornar.

El reverso de esto es la **carga cognitiva**: el esfuerzo mental de procesar la información. Aumenta cuando hay que descifrar escalas, buscar leyendas, comparar colores casi idénticos o recordar definiciones. Algo de carga es inevitable, porque entender exige pensar, pero hay carga útil (la de comprender el problema) y carga inútil (la que añade el mal diseño). Una buena historia recorta la inútil para que la audiencia gaste su energía en lo que importa: interpretar, comparar y decidir. La IA puede ayudarte a detectar fricción si le pides que lea tu gráfico «con ojos de alguien no técnico» y señale qué confundiría; no sustituye una prueba con usuarios reales, pero adelanta problemas.

## Comparar es entender (y el promedio engaña)

Casi toda visualización existe para comparar: un valor con otro, un periodo con otro, un resultado con su objetivo. Sin comparación, muchos datos no significan nada. Y la facilidad de comparar depende del gráfico: para magnitudes entre categorías, una barra gana a una tarta; para evolución, una línea gana a un mosaico de tarjetas; para una distribución, un histograma dice más que un promedio suelto. La pregunta correcta no es «qué gráfico uso», sino «qué comparación necesita hacer la audiencia». Si esa comparación cuesta, la historia se desinfla.

Lo que nos lleva al peligro de los promedios. Resumen y permiten comparar rápido, pero esconden dispersión, desigualdad y extremos. Una satisfacción media de 7,2 puede tapar dos grupos opuestos; una rotación media estable puede ocultar que se concentra en tus mejores perfiles; un rendimiento medio por curso puede enmascarar que los abandonos se agolpan en una fase concreta. La pregunta que conviene hacerse siempre es: *¿qué esconde este agregado?* Muchas veces el insight aparece justo al desagregar. La IA ayuda si le pides explícitamente qué segmentos, distribuciones o valores extremos revisar antes de fiarte de una media.

## Los sesgos que traemos puestos

No leemos datos de forma neutral. Buscamos patrones, confirmamos lo que ya creíamos y construimos explicaciones causales aunque la evidencia sea endeble. El sesgo de confirmación nos hace fijarnos en lo que apoya nuestra hipótesis; el de disponibilidad, recordar mejor lo reciente o llamativo; el efecto ancla, dejar que una primera cifra tiña todas las demás; la aversión a la pérdida, dramatizar una pequeña caída más que celebrar una mejora equivalente.

Estos sesgos no desaparecen por usar dashboards ni IA; pueden incluso agravarse si la visualización o la narrativa refuerzan una lectura cómoda. Por eso una buena historia de datos incorpora antídotos: hipótesis alternativas, límites explícitos, comparaciones justas, revisión crítica. La IA puede hacer de espejo de tus sesgos si le pides que cuestione tu interpretación; pero también los refuerza si le pides que justifique una conclusión ya tomada. Le pides una cosa o la otra, y la diferencia es enorme.

## Lo que se recuerda se puede decidir

La memoria retiene mejor las estructuras con sentido que las listas de hechos. De una presentación, la audiencia olvidará casi todos los números, pero puede recordar una idea central bien formulada: «crecemos, pero con menos margen»; «el riesgo no está repartido, se concentra en un segmento crítico»; «el problema aparece antes de que el indicador final lo muestre». La narrativa ordena la memoria porque crea relaciones (situación, tensión, evidencia, interpretación, implicación), y así los datos dejan de ser una pila de cifras y se convierten en una comprensión que se puede transmitir. No se trata de dramatizar cada análisis, sino de darle una arquitectura que ayude a recordar lo importante: en una sala de dirección, recordar bien una idea es el primer paso para actuar sobre ella. La IA ayuda a formular mensajes memorables, pero hay que vigilar que no cambie precisión por impacto: una frase potente debe seguir siendo fiel a la evidencia.

## Diseñar para distintos niveles, y revisar antes de presentar

No todas las audiencias leen datos igual. Quien maneja distribuciones e intervalos de confianza no necesita lo mismo que un comité no técnico. Una visualización perfecta para un analista puede abrumar a la dirección, y una simplificada para dirección puede quedarse corta para el equipo técnico. El buen data storytelling adapta la profundidad sin rebajar el rigor, normalmente por capas: mensaje principal, evidencia de soporte y detalle metodológico. La IA puede generar esas versiones, pero la adaptación debe ser responsable: simplificar no es esconder la incertidumbre ni ascender una hipótesis a conclusión.

Antes de presentar, una pauta rápida atrapa la mayoría de los errores: ¿qué se ve primero, y coincide con lo más importante? ¿La comparación principal es fácil? ¿El título explica el mensaje o solo etiqueta? ¿La escala puede engañar? ¿El color significa algo o solo decora? ¿Hace falta leyenda o el gráfico se entiende solo? ¿Hay adornos que compiten con el dato? Son preguntas que también puedes delegar parcialmente: pídele a la IA que evalúe tu visualización con esos criterios y proponga mejoras concretas de título, escala, color y anotaciones.

## Idea clave del capítulo

Los datos no se interpretan en abstracto, sino con una mente humana de atención y memoria limitadas, llena de sesgos y de conocimiento previo. Por eso una visualización correcta no siempre es comprensible. El data storytelling diseña para la percepción y para la decisión: orienta la atención, recorta la carga inútil, facilita la comparación, desconfía de los promedios y construye mensajes que se recuerdan sin traicionar los datos.

La IA puede producir gráficos y narrativas, pero no garantiza comprensión. Tu trabajo es comprobar que lo que genera respeta cómo las personas ven, piensan y deciden de verdad.

Con esto cerramos qué es el data storytelling. La tercera parte mete a la inteligencia artificial dentro del proceso, fase por fase, empezando por su papel de copiloto.

---

**Tres preguntas para tu contexto.**

1. ¿Diseñas pensando en cómo mira quien te escucha o en lo que tú ya sabes?
2. ¿Qué sesgo propio reconoces al interpretar datos de tu área?
3. ¿Tus gráficos exigen esfuerzo para entenderse o se comprenden de un vistazo?

**Un ejercicio.** Enseña una visualización tuya a alguien ajeno al proyecto y pídele que diga en voz alta qué entiende. Sus dudas son tu lista de correcciones.

PARTE III

# La inteligencia artificial entra en el proceso

CAP 7.

# La IA como copiloto del proceso analítico

*Un copiloto te ayuda a volar. Pero alguien tiene que decidir el destino y responder por el aterrizaje.*

La inteligencia artificial generativa ha entrado en el trabajo con datos con una promesa enorme: hacerlo más rápido, más accesible y más flexible. Lee tablas, resume documentos, genera hipótesis, escribe código, explica resultados, redacta informes y adapta mensajes. Pero conviene entender la promesa con precisión, porque la IA no convierte a cualquiera en analista experto ni elimina la necesidad de criterio, método y contexto. Su mejor papel es copilotar el proceso.

La metáfora del copiloto sirve porque sostiene dos ideas a la vez. Reconoce que la IA puede asistir de forma significativa, y recuerda que alguien tiene que seguir pilotando: fijar el destino, leer el contexto, interpretar señales y asumir la responsabilidad. Antes, muchas tareas exigían dominar una herramienta o una sintaxis; ahora buena parte de esa interacción ocurre en lenguaje natural. Eso democratiza el acceso, pero no anula la alfabetización de datos. Al contrario: como la IA reduce el coste de *producir*, dispara el valor de *revisar*. Una respuesta rápida puede ser incompleta; una explicación elegante, falsa; una recomendación bien escrita, débil de evidencia. El juicio profesional vive justo ahí, en la evaluación: ¿tiene sentido?, ¿qué la respalda?, ¿qué se ha supuesto?, ¿qué falta?, ¿qué no deberíamos afirmar todavía?

## Cinco funciones, y un director

Conviene ordenar el papel de la IA en cinco funciones, porque pedirle «analiza esto» sin más es desaprovecharla.

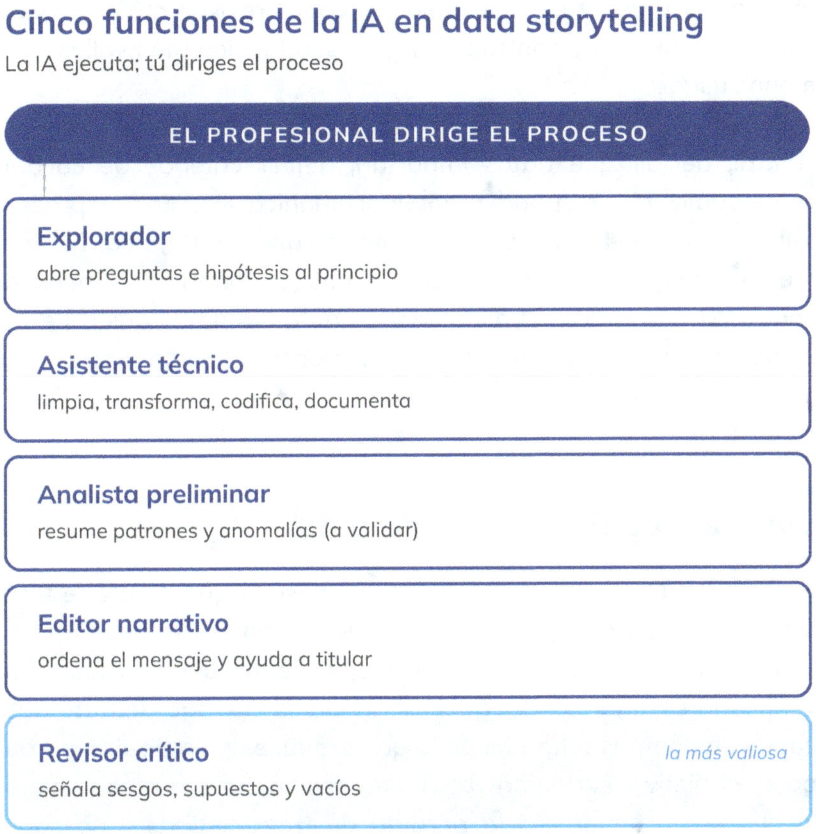


*Figura 7.1 · Cinco funciones de la IA en data storytelling, todas bajo la dirección del profesional.*

Como **explorador**, abre el campo: sugiere preguntas, variables y cruces al principio, cuando quieres ampliar posibilidades. Como **asistente técnico**, reduce fricción: limpia, escribe fórmulas, genera código, documenta. Como **analista preliminar**, resume patrones, compara segmentos y propone interpretaciones iniciales, siempre a validar. Como **editor narrativo**, ayuda a formular el mensaje, ordenar la presentación y titular. Y como **revisor crítico**, señala supuestos, sesgos y contradicciones: es la función más valiosa y la menos usada.

Lo que no cambia es quién dirige. Dirigir es fijar la pregunta central, decidir qué datos importan, definir criterios de calidad, contextualizar y responder por la comunicación. En un proceso aumentado por IA tú no desapareces: cambias de sitio. Dedicas menos tiempo a lo mecánico y más a formular, supervisar, contrastar y decidir. El profesional aumentado no es quien delega el pensamiento, sino quien amplía su capacidad de pensar con una interacción bien diseñada.

## Los riesgos de confiar de más

La otra cara de la potencia son cinco riesgos que conviene tener siempre a la vista. El primero es la **alucinación**: la IA puede afirmar con aplomo cosas que no son ciertas, y aceptar una conclusión sin verificarla es jugar con fuego. El segundo es el **sesgo de automatización**: tendemos a fiarnos de lo que produce una máquina porque parece objetivo; si además está bien escrito, parece más fiable de lo que es. El tercero es la **pérdida de trazabilidad**: si no sabes cómo se llegó a una conclusión, no puedes defenderla, corregirla ni aprender de ella. El cuarto es la **exposición de información sensible**: en datos de clientes, empleados o finanzas, usar IA sin una política clara abre problemas legales y reputacionales. Y el quinto es la **dependencia intelectual**: si dejas de formular tus propias hipótesis y solo esperas respuestas, tu músculo analítico se atrofia.

## Un protocolo de trabajo

Para que la conversación con la IA no degenere en respuestas genéricas, ayuda un protocolo sencillo. Primero, define la decisión o pregunta central. Segundo, describe el contexto y las restricciones. Tercero, especifica qué datos hay y qué limitaciones tienen. Cuarto, pide una salida estructurada que **separe observaciones, hipótesis, insights y recomendaciones**. Quinto, verifica cifras y afirmaciones. Sexto, pide una revisión crítica. Séptimo, adapta la narrativa a la audiencia.

No es lanzar una pregunta y aceptar la respuesta: es conversar, refinar, contrastar y corregir. Un buen arranque, por ejemplo, sería pedirle que actúe como copiloto analítico y responda separando observaciones directas, hipótesis interpretativas, datos necesarios para validar, posibles insights y riesgos de interpretación, con una instrucción innegociable: que no afirme causalidad sin evidencia.

## La IA como espejo: audiencia y revisor

Dos de sus usos más maduros tienen poco que ver con producir y mucho con anticipar. El primero es **simular audiencias**: pedirle que lea tu historia como lo haría un director financiero, un comité escéptico o una persona no técnica. No sustituye conocer a tu audiencia real, pero te ayuda a anticipar preguntas, detectar jerga y ajustar el detalle. Antes de presentar un análisis de margen, pídele las preguntas difíciles que haría un CFO; antes de uno de rotación, que revise las implicaciones éticas.

El segundo es hacer de **revisor crítico** de tu propio trabajo. Cuando un análisis empieza a encajar, tendemos a enamorarnos de él y a pasar por alto lo que lo matiza. Pedirle que actúe como comité crítico («señala las tres afirmaciones más débiles, las evidencias que faltan y las hipótesis alternativas») contrarresta esa tendencia. Ser honesto con los límites refuerza la historia en lugar de debilitarla.

## De herramienta a método

El error habitual es pensar que incorporar IA es añadir una herramienta al flujo. La oportunidad real es rediseñar el método. La IA puede estar presente de la primera pregunta a la comunicación final, pero siempre bajo una lógica de control y validación. Lo que no se puede hacer es fusionar fases de forma irresponsable: si saltas directamente de los datos a una recomendación automática, te cargas las capas intermedias de interpretación donde, precisamente, se juega la calidad.

## Idea clave del capítulo

La IA generativa puede copilotar todo el proceso analítico: explorar, preparar, analizar, narrar, adaptar y revisar. Su valor está en ampliar tu capacidad de formular hipótesis, contrastar perspectivas y comunicar mejor. Pero no sustituye el juicio, porque necesita dirección, contexto, validación y responsabilidad humana.

La clave es dejar de usarla como una máquina de respuestas y empezar a usarla como un sistema de apoyo al razonamiento. En data storytelling, esa diferencia decide si la IA produce más ruido o más comprensión. Y todo empieza, otra vez, antes de la pantalla: en cómo preparas los datos. De eso trata el próximo capítulo.

**Tres preguntas para tu contexto.**

1. ¿Usas la IA para producir más rápido o para pensar mejor?
2. ¿En qué fase de tu proceso te aporta más valor y en cuál te da falsa seguridad?
3. ¿Contrastas lo que te devuelve o lo aceptas si suena convincente?

**Un ejercicio.** Elige una tarea analítica habitual y hazla dos veces: una a tu manera y otra con la IA como copiloto. Compara tiempo, calidad y, sobre todo, qué preguntas nuevas te surgieron.

CAP 8.

# Capturar, limpiar y preparar datos con IA

*Ninguna narrativa elegante salva a unos datos mal preparados. El cimiento se pone antes de la primera diapositiva.*

Lo más visible del data storytelling es el final: el gráfico claro, el titular preciso, el dashboard bien resuelto. Pero buena parte del valor se decide mucho antes, en una fase que luce mucho menos y pesa mucho más, la preparación de los datos. Una historia puede estar bien escrita y ser impecable a la vista; si los datos están mal definidos, incompletos, duplicados o sesgados, la historia es débil por dentro.

Y preparar no es solo una operación técnica, porque al hacerlo decides qué parte de la realidad va a ser visible. Cuando eliges variables, corriges formatos, defines categorías o calculas indicadores, estás construyendo el terreno sobre el que después se levanta el relato. Si defines «cliente activo» como quien compró en los últimos doce meses, verás algo distinto que si lo defines a tres; si calculas rentabilidad solo con ingresos y no con coste de adquisición, priorizarás los segmentos equivocados. Preparar datos implica decisiones conceptuales, y por eso debe hacerse con transparencia.

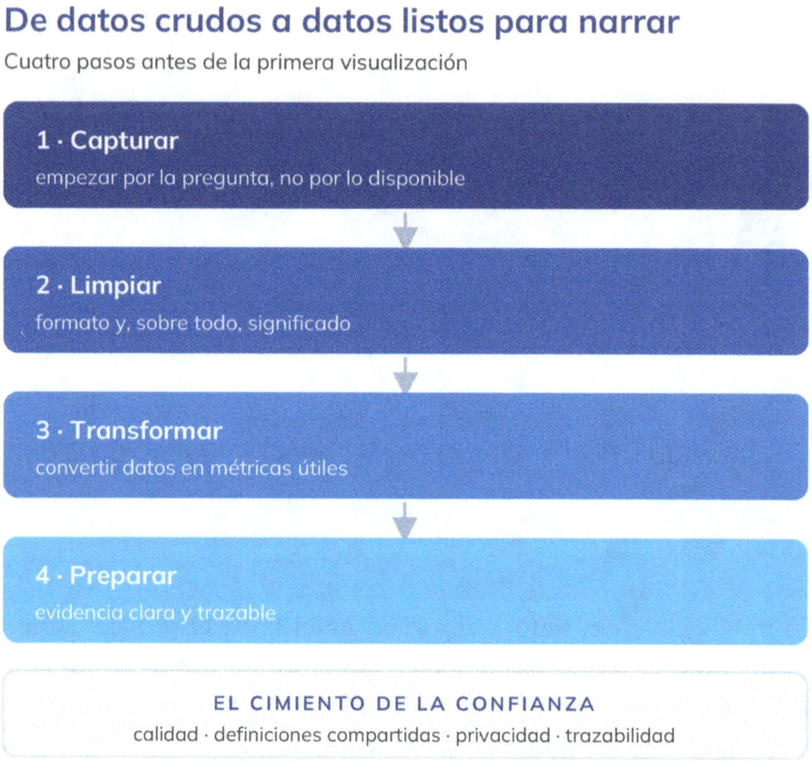


*Figura 8.1 · De datos crudos a datos listos para narrar. La confianza de la historia se construye en este cimiento.*

## Capturar: empezar por la pregunta

Antes de capturar nada, vuelve a la pregunta central: qué decisión quieres mejorar, qué necesitas observar, qué datos existen y cuáles faltan. La captura suele estar limitada por los sistemas que ya tienes, pero eso no obliga a aceptar sin más lo disponible; conviene distinguir entre datos disponibles, necesarios y deseables. Aquí la IA ayuda a trazar un mapa de necesidades: a partir de una pregunta de negocio puede proponerte qué variables serían imprescindibles, cuáles deseables, qué fuentes podrían contenerlas y qué definiciones convendría acordar antes de pedir una sola extracción.

## Calidad y definiciones compartidas

La calidad de datos son varias dimensiones que conviene mirar por separado: completitud (¿faltan valores?), consistencia (¿siguen las mismas reglas?), validez (¿son valores aceptables?), unicidad (¿hay duplicados?), actualidad y precisión. Un dataset puede estar completo pero desfasado, o actualizado pero lleno de duplicados. La IA detecta columnas sospechosas, atípicos y formatos incoherentes si se lo pides de forma estructurada; lo que no puede saber sola es si una definición tiene sentido para el negocio. Para eso hace falta contexto.

Y ahí aparece uno de los problemas más corrosivos de las organizaciones: que cada área usa las mismas palabras con significados distintos. «Cliente activo», «lead cualificado», «abandono», «margen», «finalización» pueden querer decir cosas diferentes en marketing y en finanzas. Cuando las definiciones no están alineadas, las reuniones se desvían de la decisión a discutir qué número es el correcto, y a menudo ambos lo son, según su definición. El antídoto es un diccionario de datos: nombre, definición, fuente, formato, frecuencia, responsable y limitaciones de cada variable. La IA puede levantar un primer borrador a partir de las columnas y unos ejemplos; las personas que conocen el proceso lo revisan.

## Limpiar y transformar

Cuando pensamos en limpieza imaginamos lo visible: vacíos, duplicados, fechas mal formateadas, símbolos monetarios, categorías escritas de cinco maneras. La IA ayuda a detectarlo y corregirlo, sobre todo apoyada en hojas de cálculo, Python o SQL. Pero hay una suciedad más traicionera, la **conceptual**: una columna «estado» que puede ser del cliente, del pedido o del proceso; una «fecha» que puede ser de registro, de compra o de envío; un «valor» que puede ser bruto, neto o con impuestos. La IA señala la ambigüedad; resolverla es cosa del contexto. Limpiar datos va mucho más allá de corregir formatos, porque lo que de verdad haces es aclarar significados.

Después hay que transformar el dato bruto en métricas que respondan a la decisión: tasas, ratios, variaciones, cohortes, márgenes. Esta fase es delicada porque una mala métrica produce una mala decisión: medir campañas solo por clics optimiza curiosidad, no valor; medir formación solo por asistencia ignora el aprendizaje. La IA propone métricas derivadas, pero conviene exigirle que justifique cada una: qué mide, qué decisión apoya, qué podría incentivar de forma indeseada.

## Preparar para la narrativa, con privacidad

Preparar datos para el análisis no es lo mismo que prepararlos para la narrativa. El análisis admite muchas variables y pruebas; la narrativa necesita evidencia seleccionada y trazable. Ayuda pensar en tres niveles (una tabla ejecutiva, una analítica y una técnica) sin perder nunca el vínculo entre simplificación y evidencia: simplificar no es cortar la trazabilidad, es hacer comprensible lo esencial conservando el camino de vuelta al dato original.

Y queda un cuidado que no es opcional, el de la privacidad. Muchos datasets contienen información sensible sobre personas, clientes, empleados o finanzas. Antes de subir nada a una herramienta de IA, la organización debe tener claras sus políticas: qué datos pueden usarse, en qué entorno, con qué anonimización y con qué proveedor. Para explorar suele bastar con datos agregados, anonimizados o sintéticos. La IA puede ayudar a anonimizar, pero la responsabilidad de proteger no se delega. El criterio legal y ético se define antes del análisis, no después.

## De los datos preparados a la confianza

Imagina un dataset de campañas con fecha, canal, impresiones, clics, conversiones, inversión, ingresos y margen, y la decisión de redistribuir presupuesto. Una preparación superficial calcularía clics y coste por adquisición. Una útil añadiría tasa y coste por conversión, margen por canal, variación temporal, recurrencia y comparación con objetivos; y revisaría problemas de calidad: canales escritos de varias formas, conversiones sin ingreso, inversión cero con resultados. La IA hace de asistente (revisa columnas, sugiere métricas, escribe fórmulas), pero el equipo decide qué significa «mejor canal»: ¿más volumen, menor coste, más margen, más recurrencia?

Esa es la idea de fondo: la confianza de una historia se construye desde la preparación, no al final con una presentación elegante. Cuando los datos están documentados, las métricas definidas y las transformaciones son trazables, la narrativa se defiende sola. Cuando nadie sabe de dónde salió un indicador o qué se excluyó, la historia es vulnerable, y con razón. La IA nos deja preparar más rápido; el reto es que no nos deje preparar de forma menos transparente. La automatización debe ir siempre acompañada de documentación.

## Idea clave del capítulo

Capturar, limpiar y preparar datos es la fase que sostiene todo lo demás. No es una tarea técnica menor, sino el fundamento de cualquier interpretación fiable. La IA acelera la revisión de calidad, la documentación, la limpieza y la creación de métricas, pero no resuelve sola los problemas de definición, contexto, privacidad o propósito.

Una buena historia de datos empieza mucho antes de la visualización: empieza cuando los datos se preparan para responder una pregunta relevante con calidad, transparencia y trazabilidad. Con ese cimiento puesto, ya podemos analizar. Es el siguiente paso.

---

**Tres preguntas para tu contexto.**

1. ¿Cuánto tiempo dedica tu equipo a preparar datos y cuánto a interpretarlos?
2. ¿Están documentadas las definiciones de vuestras métricas clave?
3. ¿Qué problema de calidad conocéis y seguís arrastrando?

**Un ejercicio.** Coge un conjunto de datos que uséis a menudo y pide a la IA que liste sus posibles problemas de calidad. Verifica uno por uno cuáles son reales.

CAP 9.

# Analizar datos con IA generativa

*Analizar no es calcular indicadores. Es construir una interpretación razonada de una realidad que solo vemos a medias.*

Analizar implica describir, comparar, segmentar, formular hipótesis, buscar relaciones, detectar anomalías, validar explicaciones y reconocer límites. La IA generativa cambia esta fase de raíz: permite conversar con los datos, pedir resúmenes, generar hipótesis, explorar segmentos y recibir explicaciones en lenguaje natural. Pero también introduce riesgos muy concretos: confundir correlación con causa, sobregeneralizar, proponer explicaciones sin evidencia o escribir conclusiones con una seguridad que los datos no respaldan. Conviene diseñar con ella un proceso de exploración, validación y comunicación, en vez de pedirle respuestas finales.

Hay dos modos que conviene no mezclar. El **exploratorio** busca conocer los datos (distribuciones, extremos, relaciones, posibles errores): es abierto y creativo, y sin él se nos escapan patrones. El **orientado a decisión** necesita foco, porque no todo patrón merece un sitio en la historia final y es la pregunta central la que decide qué se profundiza. La IA sirve en los dos, pero pedirle «analiza estos datos» y esperar una lectura completa es el error típico. Mejor trocear: primero calidad, luego descripción, luego hipótesis, luego validación, y solo al final insights.

## Observación, hipótesis, insight

La práctica que más errores evita es separar niveles de afirmación, porque la IA produce textos fluidos donde se mezclan sin avisar.

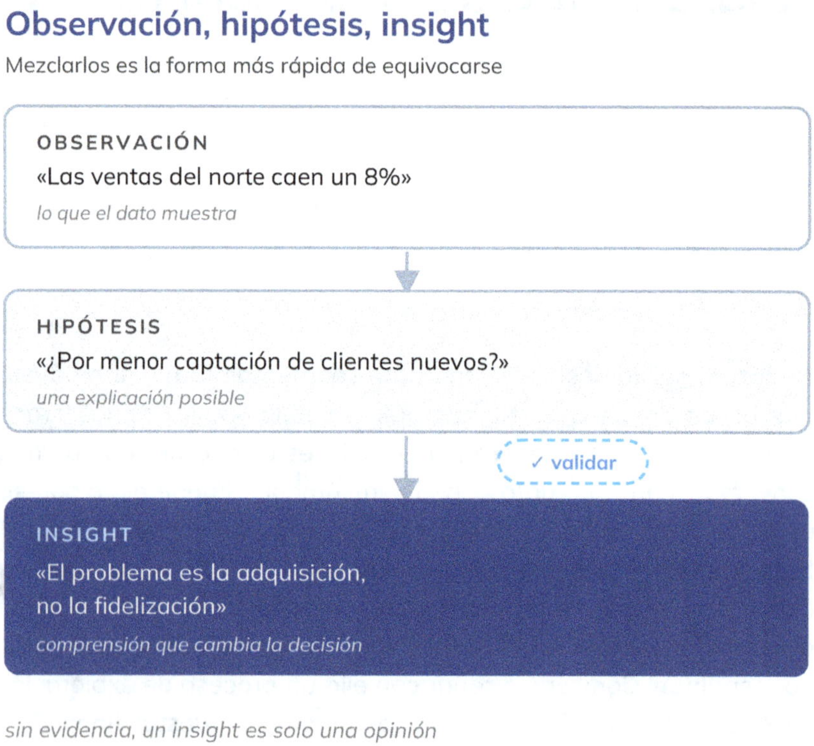


*Figura 9.1 · Tres niveles que conviene no confundir. Entre la hipótesis y el insight hay siempre una validación.*

Una **observación** describe lo que el dato muestra directamente. Una **hipótesis** propone una explicación posible. Un **insight** interpreta un patrón de forma relevante para una decisión, y solo merece ese nombre si la evidencia lo respalda. «Las ventas del norte caen un 8 %» se observa; «quizá por menor captación» se supone; «el problema es la adquisición, no la fidelización» es un insight únicamente si lo has validado. Por eso conviene pedirle a la IA que distinga los tres niveles de forma explícita, y que para cada insight indique qué evidencia lo sostiene, qué decisión afecta y qué dato adicional habría que revisar.

Y cuidado con quedarse en la estadística descriptiva: medias, máximos, rankings y porcentajes orientan, pero no interpretan. Una media oculta segmentos; una variación porcentual parece enorme sobre una base diminuta; un máximo puede ser un atípico. La IA no debería limitarse a listar valores: pídele que señale qué comparaciones son relevantes, qué puede estar escondido y qué límites tiene cada indicador.

## Segmentar y mirar las anomalías

Muchos hallazgos aparecen al **segmentar**. El agregado parece estable mientras un grupo crece y otro se hunde; la media tapa diferencias por región, canal, cohorte o perfil. Pero segmentar no es fragmentar sin criterio: una buena segmentación responde a una pregunta: ¿dónde se concentra el problema?, ¿qué grupo se comporta distinto? Hay una trampa importante: si pruebas suficientes segmentos, siempre encontrarás *algo* llamativo. Por eso conviene distinguir entre diferencia relevante, diferencia estable y puro ruido.

Las **anomalías** (un pico, una caída, una combinación rara) piden la misma prudencia. Pueden ser un error de datos, una señal de riesgo, una oportunidad o una variación normal. La IA ayuda a detectarlas, pero no debería decidir sola cuál importa. La pregunta no es «qué anomalías hay», sino «qué anomalías podrían cambiar una decisión». Una caída puntual quizá no importe; una que coincide con un cambio estratégico y golpea a un segmento crítico puede ser el corazón de la historia.

## Causalidad y validación: el terreno minado

La mayor tentación del análisis es convertir una relación en una causa. Si cambió la campaña y cayeron las ventas, concluimos demasiado rápido que una causó la otra; si los empleados con menos formación rotan más, asumimos que la formación reduce la rotación. Puede ser cierto, pero también puede haber variables intermedias, sesgos de selección o factores externos. La IA escribe explicaciones causales con una naturalidad peligrosa, así que hay que exigirle cautela y que distinga asociación, hipótesis causal y evidencia causal.

De ahí la regla de oro: **validar antes de narrar**. Antes de convertir un hallazgo en historia, comprueba que no depende de un error de datos, un periodo mal elegido, una segmentación arbitraria o una base minúscula. Validar puede ser revisar el dato original, comparar periodos equivalentes, probar métricas alternativas, mirar casos extremos o, a menudo lo más revelador, hablar con alguien del proceso, que quizá conoce un detalle que el dataset no recoge. La IA genera la lista de pruebas; el contraste con la realidad operativa no se delega.

He visto varias veces cómo un análisis bien hecho lleva a una conclusión equivocada. En una comercializadora de energía, la tasa de bajas cayó del 9 % al 6 % en dos trimestres y el comité lo leyó como el efecto de las mejoras en atención al cliente. Nadie preguntó qué contaba como cliente activo. Meses antes, el equipo de datos había excluido del denominador las cuentas sin consumo durante seis meses. Era una decisión razonable y bien documentada, pero esas cuentas dormidas eran justo las que acababan dándose de baja. La tasa no había mejorado: habían salido del cálculo quienes se iban.

En una cadena de moda pasó algo parecido con dos variables que se movían a la vez. Las ventas de una línea cayeron un 14 % en dos meses y las devoluciones subieron casi lo mismo. La lectura parecía evidente: el producto no gustaba, y las devoluciones lo confirmaban. La recomendación de reposicionar el precio estaba casi lista cuando una responsable de tienda comentó de pasada que las clientas se quejaban de que las tallas venían más pequeñas. Había habido un cambio de proveedor y el patronaje era distinto. Las devoluciones subieron primero, el boca a boca hizo el resto y las ventas cayeron después. Ninguna de las dos cosas causaba la otra: las movía un tercer dato que no estaba en la tabla porque a nadie se le ocurrió pedirlo.

En los dos casos el error no se descubrió mirando más datos. Se descubrió hablando con alguien que conocía el proceso.

## De análisis a narrativa, sin perder el hilo

Validados los hallazgos, toca elegir: el análisis produce muchas observaciones, pero la narrativa selecciona las que responden a la pregunta central. La IA ayuda a sintetizar, siempre que mantengas la trazabilidad: cada afirmación relevante atada a su evidencia. Una conclusión sin evidencia es opinión; una evidencia sin conclusión se queda en dato. Una buena narrativa analítica responde, en orden, a qué hemos observado, por qué importa, qué interpretación es más plausible, qué incertidumbre queda y qué decisión afecta.

El objetivo, en el fondo, es ampliar la interpretación. La IA amplía tu capacidad de explorar ángulos, redactar explicaciones y revisar supuestos, pero analizar sigue siendo un acto de juicio: decidir qué importa, qué comparación es justa, qué evidencia basta. En su era, la diferencia entre un análisis mediocre y uno valioso no será la velocidad de producción, sino la calidad de las preguntas, las validaciones y las interpretaciones que lo sostienen. Conviene, además, dejar huella del proceso: qué se pidió, qué respondió el modelo, qué se aceptó y qué se descartó. Ese registro mejora el trabajo y permite defender la decisión si alguien la cuestiona.

## Idea clave del capítulo

La IA generativa puede transformar el análisis al bajar barreras técnicas y acelerar la exploración, las hipótesis y la síntesis. Pero exige método: separar observaciones, hipótesis e insights; distinguir asociación de causalidad; validar antes de narrar; y mantener la trazabilidad entre evidencia y conclusión.

Analizar con IA no es aceptar respuestas automáticas, sino sostener un diálogo analítico más rico, rápido y crítico, dirigido por alguien que entiende la pregunta, el contexto y la responsabilidad de la decisión. Con los hallazgos ya sólidos, llega el momento de hacerlos visibles. La visualización es lo siguiente.

---

**Tres preguntas para tu contexto.**

1. ¿Distingues en tus análisis entre observación, hipótesis e insight?
2. ¿Cuántas veces has presentado una correlación como si fuera una causa?
3. ¿Pides a la IA que te contradiga o solo que te confirme?

**Un ejercicio.** Toma un hallazgo reciente y pide a la IA tres explicaciones alternativas. Busca qué dato distinguiría cuál es la correcta.

CAP 10.

# Visualizar datos con IA

*Producir un gráfico es fácil. Elegir el gráfico que hace ver la idea es otra cosa.*

La visualización es donde la IA despierta más expectativas: si una herramienta lee una tabla y propone gráficos en segundos, parece que el diseño visual será casi automático. En parte ya pasa: cada vez más herramientas sugieren visualizaciones, generan dashboards y redactan títulos. Eso mejora la productividad y baja barreras. Pero visualizar no consiste en producir imágenes, sino en elegir una representación que ayude a entender una relación relevante. Y ahí la automatización tiene un punto ciego.

Las herramientas automáticas eligen el gráfico a partir del **tipo de dato**: una fecha pide línea, una categoría pide barras, una ubicación pide mapa. Es útil, pero incompleto, porque el tipo de dato no fija el propósito. Con los mismos datos de ventas por mes puedes querer mostrar tendencia, estacionalidad, desviación respecto al objetivo o el efecto de una campaña, y cada propósito pide otra visualización. La pregunta de diseño no es «qué gráfico admiten estos datos», sino «qué necesita ver la audiencia para entender la idea principal».

## Elige según la relación, no según el dato

Una forma práctica de acertar es empezar por la relación que quieres mostrar.

### Elige el gráfico según la relación, no según el dato

Empieza por la comparación que la audiencia necesita hacer

| | |
|---|---|
| **COMPARAR**<br>categorías entre sí | barras |
| **EVOLUCIÓN**<br>en el tiempo | líneas |
| **COMPOSICIÓN**<br>partes de un todo | barra apilada |
| **DISTRIBUCIÓN**<br>cómo se reparten los valores | histograma |
| **RELACIÓN**<br>entre dos variables | dispersión |
| **DESVIACIÓN**<br>frente a un objetivo | barras + referencia |

*Figura 10.1 · Empieza por la comparación que la audiencia necesita hacer; el gráfico viene después.*

Si quieres **comparar** categorías, las barras suelen ganar. Para **evolución** temporal, las líneas. Para **composición**, una barra apilada con pocas categorías (y desconfía del gráfico circular cuando hay muchas). Para **distribución**, ve más allá del promedio con un histograma o un diagrama de caja. Para **relación** entre variables, una nube de puntos revela patrones. Y para **desviación** frente a un objetivo, una línea de referencia dice más que una tabla. A la IA conviene pedirle que razone la elección: qué comparación facilita, qué riesgo tiene y qué alternativa más simple existiría.

## Explorar no es explicar (prototipa rápido, decide despacio)

No todas las visualizaciones cumplen la misma función. Las **exploratorias** ayudan al analista a descubrir: pueden ser muchas, técnicas y abiertas. Las **explicativas** ayudan a una audiencia a comprender un mensaje: deben ser selectivas, claras y narrativas. El error típico es llevar un gráfico exploratorio directo a una presentación ejecutiva. El que sirvió para *descubrir* algo no suele ser el mejor para *explicarlo*.

La IA brilla en la fase divergente: genera muchas opciones deprisa. Pero prototipar rápido no es publicar rápido. La facilidad de generar alternativas debe ir seguida de una fase convergente y humana que elige, simplifica y valida: qué opción comunica mejor, cuál reduce carga cognitiva, cuál evita distorsiones, cuál aguanta las preguntas difíciles.

## Títulos, color y tentaciones

Tres detalles deciden si un gráfico se entiende. El primero, el **título**: uno descriptivo («ventas por canal») etiqueta; uno narrativo («el canal con más ventas no es el de más margen») orienta hacia el insight. Las anotaciones rematan: una línea que marca una campaña, una nota sobre un cambio de precio, una referencia al objetivo que convierte un número en una desviación interpretable. La IA ayuda a redactarlos, pero sin exagerar ni afirmar causalidad donde solo hay asociación.

El segundo, el **color**: el recurso más usado y peor usado. Debe tener función (destacar el segmento que discutes, diferenciar categorías de forma consistente, señalar positivo y negativo), no decorar. Si cada página estrena su propio código de color, la audiencia tiene que reaprenderlo cada vez. Pídele a la IA coherencia semántica, no «colores bonitos», y vigila la accesibilidad: hay combinaciones que mucha gente no distingue.

El tercero, las **tentaciones**: gráficos vistosos que rara vez son los adecuados. Un mapa sirve cuando la geografía importa, pero si solo comparas valores entre regiones, un ranking de barras es más claro (un mapa hace que las áreas grandes parezcan más importantes). Las tartas funcionan con pocas porciones y diferencias marcadas; el 3D casi siempre distorsiona más de lo que aporta. La IA los propone porque son reconocibles; tu criterio decide si ayudan a comparar.

## Dashboards aumentados, y cómo evaluar lo que genera la IA

La visualización con IA también llega a los dashboards: resúmenes automáticos, explicación de variaciones, alertas narrativas, conversación en lenguaje natural. Para perfiles no técnicos es un salto: en lugar de deducirlo todo desde cero, la persona pregunta qué ha cambiado y dónde mirar. El riesgo es que el panel genere explicaciones no verificadas; por eso cualquier capa conversacional debe apoyarse en definiciones claras, fuentes fiables y límites explícitos. Un dashboard con IA no debería ser una caja negra que habla con seguridad, sino una interfaz que ayuda a preguntar mejor.

Y todo lo que la IA genera pasa por un control exigente antes de una decisión. Conviene revisar precisión (¿representa bien los datos?), adecuación (¿el gráfico responde a la pregunta?), claridad (¿la comparación principal es evidente?), contexto (¿hay objetivo o referencia?), honestidad (¿la escala o el color engañan?) y accesibilidad. Que un gráfico parezca profesional no significa que esté listo para decidir.

## Visualizar para decidir

La visualización alcanza su máximo valor cuando conecta con una pregunta, una tensión y una implicación. Un gráfico puede mostrar que las ventas crecen; uno mejor, que crecen por descuentos que reducen margen; uno todavía más útil compara alternativas: mantener la estrategia, recortar descuentos o concentrarlos en los segmentos de alto valor. A la IA puedes pedirle precisamente ese salto, de lo descriptivo a lo orientado a decisión, si le pides que piense en opciones, riesgos y acciones. No se trata solo de mostrar qué ha pasado, sino de hacer ver qué significa para lo que vamos a hacer.

## Idea clave del capítulo

La IA acelera la creación de gráficos, dashboards y narrativas visuales, pero visualizar no consiste en producir imágenes, sino en representar relaciones que importan a una audiencia concreta y a una decisión concreta. El criterio visual sigue siendo imprescindible:

elegir el gráfico adecuado, reducir carga cognitiva, usar color con significado, evitar distorsiones, titular con claridad, distinguir explorar de explicar.

El futuro de la visualización con IA debería ser una práctica más reflexiva: prototipar más rápido, evaluar mejor y comunicar con más precisión. Y cuando los gráficos ya dicen lo que tienen que decir, queda ordenarlos en un relato. Eso es lo siguiente.

---

**Tres preguntas para tu contexto.**

1. ¿Eliges tus gráficos por función o por costumbre?
2. ¿Cuántas visualizaciones de tu última presentación eran imprescindibles?
3. ¿La IA te está ayudando a ver mejor o solo a producir más imágenes?

**Un ejercicio.** Reduce tu última presentación a los tres gráficos que de verdad sostienen la decisión. Comprueba si se pierde algo esencial.

CAP 11.

# Construir narrativas con datos e IA

*Muchas presentaciones no fracasan por un análisis débil, sino porque la explicación no tiene forma.*

Ya has analizado los datos y elegido los gráficos. Queda lo que más se subestima: construir la narrativa. No es una capa estética añadida al final, sino la arquitectura que organiza la comprensión: decide qué se cuenta primero, qué evidencia se muestra, qué tensión se explicita y qué implicación queda abierta. La IA ayuda mucho aquí (propone estructuras, redacta titulares, adapta a públicos, anticipa objeciones), pero también fabrica relatos demasiado cerrados, persuasivos o seguros. Construir narrativas con IA es combinar su velocidad con tu control editorial sobre el sentido, la evidencia y la responsabilidad.

Una narrativa de datos es una forma de ordenar evidencias para que alguien comprenda una situación. Los datos muestran muchas cosas a la vez; la narrativa selecciona, jerarquiza y conecta. Un análisis de ventas puede arrojar crecimiento global, caída de margen, más descuentos y baja recurrencia de los clientes nuevos: aislados son hallazgos. La narrativa aparece cuando se ve la relación: «crecemos, pero atrayendo clientes menos rentables a golpe de descuento». La narrativa no inventa esa relación, simplemente la pone a la vista.

## El mensaje central y la tensión

Toda buena narrativa tiene un **mensaje central**, que no es un tema. «Análisis de campañas» es un tema; «las campañas que más convierten no traen los clientes de más valor» es un mensaje: contiene interpretación, tensión y una decisión latente. Debe caber en una frase clara, específica y respaldada por datos. La IA puede proponerte cinco versiones alternativas; elegir es tuyo, según propósito, audiencia y evidencia.

Y gana fuerza cuando hay **tensión** real: una contradicción, un riesgo oculto, un trade-off entre dos métricas. Las ventas suben pero el margen cae; el tráfico crece pero la conversión empeora; la satisfacción media parece estable mientras un segmento se hunde. Sin tensión, el relato se aplana en informe; con tensión, la audiencia entiende qué está en juego. A la IA puedes pedirle que rastree contradicciones, efectos secundarios o métricas que se mueven en sentidos opuestos.

## De hallazgos a storyline

La *storyline* es la secuencia lógica que conecta los hallazgos: la columna vertebral antes de montar el documento.

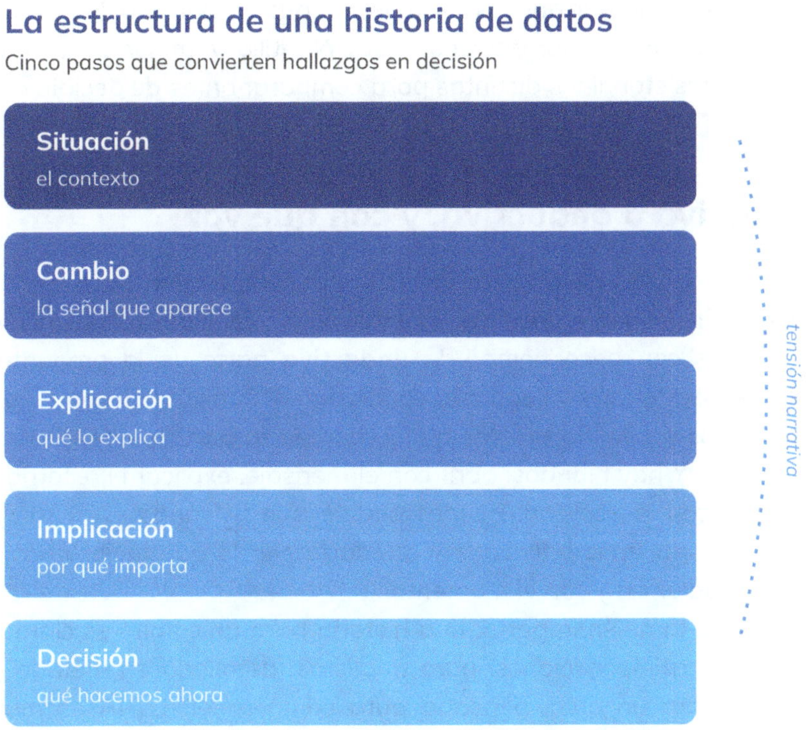


*Figura 11.1 · Una plantilla mínima: cinco pasos que obligan a conectar el dato con la decisión.*

La estructura es sencilla: **situación** (el contexto), **cambio** (la señal relevante), **explicación** (qué la explica), **implicación** (por qué importa) y **decisión** (qué se abre). Por ejemplo: el crecimiento sigue por encima del objetivo; sin embargo, el margen cae desde hace tres meses; la caída se concentra en productos promocionados en canales de pago; esto sugiere que estamos comprando crecimiento con descuentos; la decisión es si priorizamos volumen o rentabilidad el próximo trimestre. No es una fórmula rígida; su valor es impedir que la narrativa se quede en descripción. La IA puede rellenar un primer borrador con esta plantilla y, mejor aún, ofrecerte varias storylines distintas para comparar antes de decidir.

## Inductiva o deductiva, y con qué voz

Hay dos formas de ordenar la historia. La **deductiva** abre con la conclusión y luego presenta la evidencia: ideal para audiencias ejecutivas con poco tiempo. La **inductiva** parte de la pregunta, muestra evidencias y llega a la conclusión al final: útil en contextos formativos o cuando quieres que la audiencia participe del descubrimiento. Y hay híbridos: abrir con el mensaje, explicar el recorrido y cerrar con la decisión. Puedes pedirle a la IA varias estructuras para unos mismos hallazgos y quedarte con la que mejor encaje con tu audiencia y con el momento.

La **voz** también importa: una historia para un comité es clara y orientada a implicaciones; para analistas, detallada en método y límites; para un aula, pensada para comprender. La IA es muy buena adaptando el tono, pero adaptar el tono no es cambiar la verdad: el mensaje puede ser más breve o más didáctico, nunca decir más de lo que los datos permiten. Y al cambiar de formato, de informe a presentación, a dashboard o a memo, no basta con copiar párrafos en diapositivas, porque lo que hay que rediseñar es la experiencia de comprensión.

## El riesgo de la historia demasiado perfecta

La IA escribe textos fluidos y ordenados, y esa virtud es peligrosa: una narrativa demasiado perfecta puede borrar la incertidumbre, los matices y los límites de la evidencia. La realidad analítica es más sucia que una buena historia: hay datos incompletos, variables ambiguas, explicaciones alternativas. Una narrativa responsable no hace desaparecer esa complejidad, pero sí la vuelve manejable. La claridad exige explicar qué sabemos, qué inferimos y qué falta validar. Por eso, cuando uses IA para redactar, pídele que incluya supuestos, límites y grado de certeza.

Y dale la vuelta a su mejor uso: que **revise** tu versión en lugar de escribir la primera. Como editora crítica, detecta saltos lógicos, afirmaciones exageradas, falta de evidencia o problemas de orden. Pídele que evalúe si el mensaje central es claro, si la evidencia sostiene la conclusión, si los títulos son narrativos y dónde podría malinterpretar la audiencia. Esa segunda mirada, antes de compartir, vale oro.

## Idea clave del capítulo

Construir narrativas con datos e IA no es pedirle a una herramienta una historia bonita. Es usarla para ordenar hallazgos, formular el mensaje, detectar la tensión, adaptar el tono y revisar críticamente la lógica. La narrativa está al servicio de la evidencia y de la decisión: no busca que los datos parezcan más interesantes, sino que se comprenda mejor qué ocurre, por qué importa y qué considerar después.

La IA acelera la escritura; el criterio humano gobierna el sentido. Y una historia, por buena que sea, solo sirve si ayuda a alguien a decidir. La última milla, comunicar para decidir, es el próximo capítulo.

**Tres preguntas para tu contexto.**

1. ¿Tus informes tienen tensión narrativa o son una sucesión de datos?
2. ¿Empiezas por la conclusión o construyes el camino hasta ella?
3. ¿Reescribes lo que te propone la IA con tu voz o lo dejas tal cual?

**Un ejercicio.** Pide a la IA tres estructuras narrativas para tu último análisis y elige una. Después reescríbela entera con tus palabras.

CAP 12.

# Comunicar para decidir

*Una conclusión bien fundamentada puede fracasar si se comunica mal. La forma de contar es parte de la decisión.*

El data storytelling no termina con el insight ni con la narrativa. Termina, al menos por ahora, cuando esa narrativa ayuda a alguien a pensar, decidir o actuar mejor. Comunicar datos es diseñar una experiencia de comprensión en la que la audiencia entiende qué está en juego, qué evidencia hay, qué interpretación es razonable, qué alternativas existen y qué riesgos acompañan a cada una.

En muchas organizaciones se separa el análisis de la comunicación: primero se analiza, después se «monta la presentación». Es comprensible, pero engañoso, porque la forma de comunicar determina qué se ve primero, qué se considera importante y qué alternativas quedan sobre la mesa. Comunicar es parte del proceso de decisión, no un apéndice. La IA ayuda: resume, adapta, anticipa preguntas, crea versiones ejecutivas. Pero hay que dirigirla con intención: no «hazme un resumen», sino «prepara una pieza que facilite *esta* conversación».

## La audiencia no necesita todo lo que sabes

El error más común es mostrar demasiado. Quien ha hecho el análisis quiere enseñar el esfuerzo y acaba metiendo todas las pruebas, cruces y notas metodológicas. Pero la audiencia no necesita recorrer el proceso: necesita lo justo para valorar una decisión. Ayuda separar tres capas: **mensaje ejecutivo** (qué pasa y qué implica), **evidencia de soporte** (para confiar en la interpretación) y **detalle técnico** (método, definiciones, límites). El detalle debe existir, pero no en la narrativa principal. La IA resume y jerarquiza bien; qué queda en la primera capa es una decisión editorial y estratégica.

Esto se concreta según el formato. Una **presentación ejecutiva** no es una visita guiada por los datos, sino una conversación estructurada sobre una decisión: abre con qué hay que decidir, qué ha cambiado, la evidencia principal, las alternativas y la recomendación; el detalle, para las preguntas. Un **informe** admite más profundidad, pero no dispersión: su resumen ejecutivo es lo único que mucha gente leerá, así que debe contener la esencia sin simplificar de más. Y una **reunión** basada en datos consiste en diseñar preguntas que generen una conversación de calidad, no en proyectar diapositivas cuarenta minutos y se cierren con quién hace qué.

## Comunicar la incertidumbre y anticipar objeciones

Al contrario de lo que suele pensarse, reconocer la incertidumbre refuerza tu autoridad en lugar de restártela. Una audiencia madura agradece saber qué está demostrado, qué es inferencia y qué falta validar. El problema es que muchas presentaciones borran la incertidumbre para sonar contundentes, y eso daña la confianza cuando luego aparecen los matices. Usa un lenguaje calibrado («los datos muestran», «sugieren», «la hipótesis más consistente es», «no podemos afirmar todavía») y, si quieres, pídele a la IA que clasifique tus afirmaciones por nivel de certeza.

Toda comunicación relevante genera preguntas: técnicas (de dónde sale el dato, qué periodo), estratégicas (qué coste, qué riesgo, qué alternativa se descartó) y humanas (a quién afecta, quién ejecuta). Anticiparlas fortalece el razonamiento antes de exponerlo. Aquí la IA rinde como simulador: pídele que actúe de director financiero, de comité escéptico o de comité ético y formule las diez preguntas más difíciles. No sustituye la conversación real, pero la prepara.

## Del insight al plan de acción

Una comunicación orientada a decisión termina en acción, o en una decisión explícita de no actuar todavía. Si acaba solo en una conclusión interesante, queda coja.

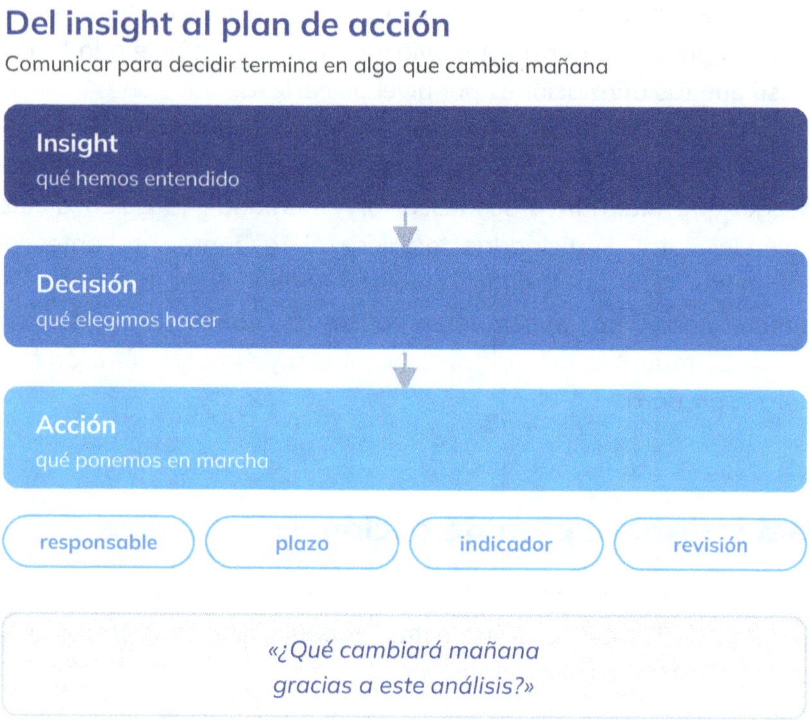


*Figura 12.1 · La comunicación se cierra cuando el insight se convierte en un plan con responsable, plazo, indicador y revisión.*

El paso al plan exige concretar responsables, plazos, recursos, indicadores de seguimiento y criterios de revisión, y revisarlo con quien conoce las restricciones reales. Por eso la **última diapositiva** no debería decir «gracias»: debería cerrar la conversación con la decisión pendiente, la recomendación y los próximos pasos, dejando claro qué se espera de la audiencia. Y una buena pregunta final lo resume todo: *¿qué cambiará mañana como consecuencia de este análisis?*

Queda un último cuidado, el **ético**. La forma de presentar una conclusión afecta a personas: equipos, clientes, estudiantes. Evita etiquetas simplificadoras, rankings humillantes y comparaciones injustas, sobre todo cuando hay segmentación, predicción o decisiones sobre personas de por medio. Una comunicación ética no esconde los problemas; los presenta con rigor y proporción, y con respeto por quienes pueden verse afectados. La IA ayuda a detectar sesgos de lenguaje, pero el juicio ético es humano y contextual.

## Idea clave del capítulo

Comunicar para decidir es diseñar una explicación que ayude a una audiencia concreta a comprender una situación y actuar con más criterio. La IA apoya con resúmenes, adaptación de tono, simulación de objeciones y borradores de planes de acción, pero no debe convertir la comunicación en una producción automática de documentos que solo *parecen* claros. La comunicación de datos debe ser clara, honesta, orientada a decisión y consciente de sus consecuencias.

Con esto cerramos el proceso completo, de la pregunta a la acción. La cuarta parte lo pone a prueba donde de verdad importa: en casos reales de marketing, recursos humanos, finanzas y educación.

**Tres preguntas para tu contexto.**

1. ¿Tus comunicaciones terminan en una recomendación o en un resumen?
2. ¿Adaptas el nivel de detalle a quien decide?
3. ¿Preparas las objeciones antes de la reunión o improvisas en ella?

**Un ejercicio.** Antes de tu próxima presentación, escribe las cinco objeciones más probables y su respuesta. Llévalas contigo aunque no las uses.

CAP 13.

# Ética y responsabilidad en el data storytelling con IA

> *La misma capacidad que te permite explicar mejor te permite manipular mejor. La diferencia no está en la herramienta, sino en para qué la usas.*

Todo lo que hemos visto hasta aquí, usar la IA para explorar, analizar, visualizar y narrar, tiene una cara menos cómoda. Cuanto más fácil es producir un análisis convincente, más fácil es producir uno convincente y falso. Cuanto mejor cuentas una historia con datos, más poder tienes para llevar a alguien a una conclusión, sea o no la que sostienen los datos. Por eso este capítulo es una parte más del oficio, no un apéndice moral.

La ética del data storytelling con IA va de decisiones concretas que tomas cada día: qué incluyes y qué omites, qué escala eliges, hasta dónde te fías de lo que te devuelve el modelo, qué le cuentas a quien decide sobre los límites de tu análisis. Vamos a los riesgos reales y, sobre todo, a qué hacer con ellos.

## El sesgo no lo inventa la IA: lo hereda y lo amplifica

Un modelo aprende de datos que reflejan el mundo tal como es, con sus desigualdades y sus huecos. Si los datos históricos de contratación favorecen un perfil, un modelo entrenado con ellos tenderá a repetirlo; si un colectivo está infrarrepresentado en los datos, las conclusiones sobre él serán más frágiles. La IA no crea el sesgo, pero puede darle una pátina de objetividad matemática que lo hace más difícil de discutir.

La salvaguarda no es técnica, es de criterio: preguntarte siempre *quién falta* en estos datos, *a quién puede perjudicar* esta conclusión y *qué pasaría si me equivoco*. Un buen prompt aquí no pide la respuesta, pide las grietas: «¿qué grupos podrían quedar mal representados en este análisis y qué conclusión cambiaría si lo estuvieran?».

## La alucinación: seguridad sin fundamento

Los modelos generativos producen texto plausible, no necesariamente verdadero. Pueden inventar una cifra, atribuir una cita, describir un patrón que no está en tus datos, y hacerlo con una prosa impecable y un tono seguro. Es el riesgo más traicionero, porque el error viene disfrazado de confianza.

La regla es simple y no negociable: **toda afirmación que vaya a sostener una decisión debe ser trazable a una fuente verificable.** Si la IA afirma que las ventas cayeron un 8 %, ese 8 % tiene que poder señalarse en un dato real, no en la elocuencia del párrafo. La IA acelera el análisis; también puede acelerar el error, y a más velocidad.

## Privacidad: qué le das de comer al modelo

Cuando pegas datos en una herramienta de IA, estás moviendo información. Datos de clientes, de empleados, de pacientes, cifras no publicadas: nada de eso debería salir de su sitio sin pensarlo. Trabaja con datos anonimizados o agregados siempre que puedas, evita los identificadores personales y ten claro qué hace la herramienta con lo que le envías. La comodidad de un análisis rápido no compensa una filtración.

## La línea fina entre explicar y manipular

Esta es la más incómoda, porque no hay una infracción evidente. Elegir el eje de un gráfico para exagerar una tendencia, seleccionar solo el periodo que confirma tu tesis, presentar una correlación como si fuera causa, esconder la incertidumbre para que la recomendación parezca más sólida: nada de eso es mentir con datos falsos, pero todo eso es contar una historia deshonesta con datos verdaderos.

El data storytelling honesto no busca que tu audiencia sienta lo que tú quieres, sino que **entienda lo que de verdad ocurre**, incluida la parte que no te conviene. La prueba del algodón: ¿presentarías el análisis igual si el resultado fuera el contrario al que esperabas?

## Transparencia: mostrar las costuras

La confianza no se pide, se gana enseñando el trabajo. Explicitar los supuestos, señalar los límites del análisis, distinguir lo que sabes de lo que intuyes, y decir cuándo y para qué has usado IA. Lejos de restar autoridad, la transparencia la construye: una recomendación que reconoce sus puntos débiles es más creíble, no menos.

### Cinco riesgos, cinco salvaguardas

La responsabilidad no se delega

| RIESGO | SALVAGUARDA |
|---|---|
| **Sesgo**<br>Se hereda de los datos y se amplifica. | **Preguntar quién falta**<br>y a quién puede perjudicar. |
| **Alucinación**<br>Prosa segura sin fundamento. | **Exigir trazabilidad**<br>cada cifra, a una fuente real. |
| **Privacidad**<br>Datos sensibles que salen de su sitio. | **Anonimizar y agregar**<br>antes de usar la herramienta. |
| **Manipulación**<br>Datos verdaderos, historia deshonesta. | **Buscar la honestidad**<br>¿lo contarías igual al revés? |
| **Opacidad**<br>Conclusiones sin enseñar el trabajo. | **Mostrar los límites**<br>supuestos, incertidumbre, uso de IA. |

*Figura 13.1 · Cinco riesgos y cinco salvaguardas. La ética no frena el proceso: lo hace defendible.*

## La responsabilidad no se delega

Aquí está el principio que ordena todo lo anterior. Puedes delegar tareas en la IA (resumir, explorar, redactar un borrador), pero **no puedes delegar la responsabilidad**. Si presentas un análisis, respondes tú de él; si una recomendación se basa en un dato inventado por un modelo, el error es tuyo, no de la máquina. «Lo dijo la IA» no es una defensa ante un comité, ni ante un cliente, ni ante quien se vea afectado por la decisión.

Esta es, en el fondo, la mejor noticia del libro. En un mundo donde producir análisis es cada vez más barato, lo que te hace valioso y lo que te hace responsable son la misma cosa: el criterio con el que decides qué es verdad, qué es relevante y qué es justo hacer con ello.

---

**Idea clave.** La IA amplifica tanto tu capacidad de aclarar como la de confundir; la ética del data storytelling consiste en usar datos verdaderos para que la gente entienda mejor, con las afirmaciones trazables, los límites a la vista y la responsabilidad siempre en manos humanas.

**Tres preguntas para tu contexto.**

1. ¿Presentarías tu último análisis igual si el resultado hubiera sido el contrario al esperado?
2. ¿Cada cifra importante de tu último informe era trazable a una fuente verificable?
3. ¿Qué datos sensibles has pegado alguna vez en una herramienta de IA sin pensarlo del todo?

**Un ejercicio.** Coge una visualización tuya reciente y busca activamente cómo podría estar induciendo a error (escala, periodo, omisiones). Corrígela para que cuente lo mismo de forma más honesta, aunque pierda impacto.

PARTE IV

# Casos prácticos

CAP 14.

# Un caso de principio a fin: de la pregunta a la decisión

*Hasta aquí hemos visto las piezas por separado. Ahora vamos a montarlas: un caso real recorrido entero, con la IA como copiloto y el criterio como conductor.*

Los capítulos anteriores han desmontado el proceso en partes: encuadrar el problema, formular preguntas, preparar datos, analizar, visualizar, narrar y decidir. Es útil para aprender, pero en el trabajo real esas fases no llegan ordenadas ni separadas: llegan mezcladas, con prisa y con presión. Por eso este capítulo hace algo distinto. Toma un caso y lo recorre de principio a fin, fase por fase, mostrando qué le pedimos a la inteligencia artificial, qué nos devuelve y, lo más importante, qué criterio humano ponemos encima.

El caso es ficticio pero verosímil, construido a partir de situaciones que se repiten en muchas organizaciones. Lo importante es el recorrido.

**El punto de partida.** Boreal es una empresa de suscripción digital: vende acceso mensual a una plataforma de formación para empresas. El comité de dirección está inquieto. Los ingresos crecen, pero más despacio que el año pasado, y alguien ha dicho en una reunión que «se nos está yendo gente». La reacción por defecto ya está sobre la mesa: subir la inversión en captación de nuevos clientes. Antes de firmar ese cheque, la directora de datos propone parar veinticuatro horas y hacer el recorrido completo.

## Fase 1 · Encuadrar el problema

La tentación es abrir el dashboard y buscar la caída. Pero el primer movimiento no consiste en mirar datos. Antes hay que acordar qué decisión está en juego. Boreal usa la IA como consultor crítico, no como buscador.

> **Prompt.** «Actúa como un consultor crítico. Reformula este problema de negocio ("los ingresos crecen más despacio y perdemos clientes") en tres decisiones posibles, señala los supuestos ocultos y dime qué evidencia haría falta para elegir entre ellas.»

La IA devuelve tres decisiones bien distintas: invertir más en captación, invertir en retención, o subir precios al segmento más fiel. Y añade un supuesto oculto valioso: se está tratando «perder clientes» como un problema homogéneo, cuando podría concentrarse en un grupo concreto. Aquí entra el criterio: el equipo descarta la subida de precios (arriesgada con la moral baja) y decide que la pregunta real es *dónde* y *por qué* se pierde valor, no solo *cuánto*.

## Fase 2 · Entender al stakeholder

La decisión la firma el comité, pero quien la defiende es la directora general, y a ella no le sirve un informe, necesita una recomendación que pueda sostener ante el consejo.

> **Prompt.** «Describe las prioridades, los riesgos percibidos y los criterios con los que una directora general evaluaría una decisión sobre captación frente a retención. ¿Qué tres objeciones plantearía?»

La IA anticipa objeciones útiles («¿no estaremos renunciando a crecer?»), pero el equipo añade lo que la máquina no puede saber: que el consejo viene de aprobar una campaña de captación y que cualquier giro tendrá que explicarse sin parecer una enmienda a la totalidad. Ese matiz político no está en los datos y lo tiene que poner una persona.

## Fase 3 · Formular las preguntas

Con el problema encuadrado, se convierte en preguntas de datos concretas, separadas por tipo.

> **Prompt.** «Convierte este objetivo, entender dónde y por qué perdemos valor de suscripción, en una arquitectura de preguntas descriptivas, diagnósticas y prescriptivas, indicando qué métrica respondería cada una.»

Salen preguntas afiladas: ¿la caída está en altas que no llegan o en bajas que se van? ¿Se concentra en algún segmento, plan o antigüedad? ¿Qué pasó justo antes de las bajas? El equipo prioriza tres y descarta el resto para no dispersarse. Diseñar la conversación, recordemos, va antes que abrir la diapositiva.

## Fase 4 · Datos y evidencia

Solo ahora se tocan los datos. La IA ayuda a preparar y a explorar, pero el equipo fija los criterios de calidad: qué se considera «cliente activo», qué periodo se compara, qué se descarta.

> **Prompt.** «A partir de esta tabla de altas y bajas por segmento, plan y antigüedad, identifica los tres patrones más relevantes y señala explícitamente qué no puedes afirmar con estos datos.»

El patrón aparece: la caída no está en las altas, que se mantienen, sino en las bajas, y se concentra en clientes de más de un año del plan más rentable, justo después de un cambio en el servicio de soporte. La IA lo detecta rápido. Pero también advierte, porque se lo hemos pedido, de lo que no puede afirmar: correlación no es causa; el cambio de soporte coincide en el tiempo, no está probado como causa.

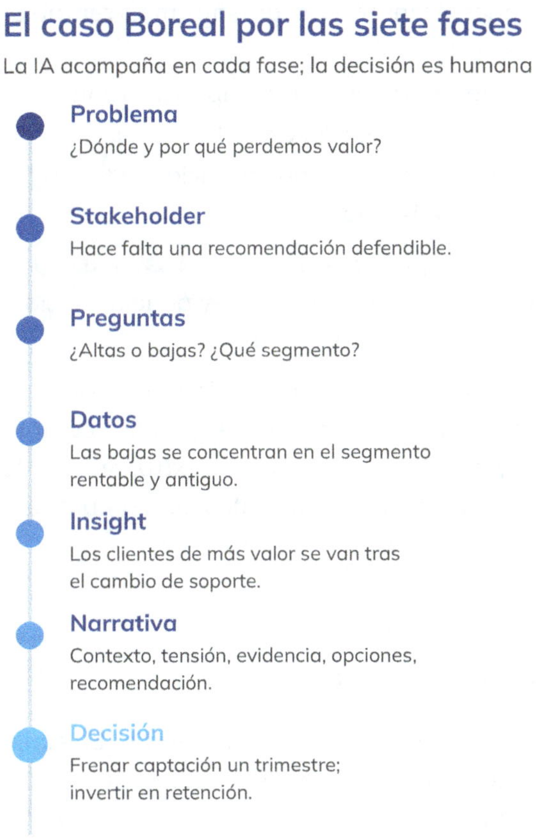


*Figura 14.1 · El caso Boreal recorrido por las siete fases. Cada fase añade contexto y criterio; la IA acompaña, la decisión es humana.*

## Fase 5 · Del dato al insight

Aquí es donde se separa el dato llamativo de la comprensión que cambia la decisión. Subimos la escalera: dato, hallazgo, insight, implicación.

- **Dato:** las bajas suben un 8 %.

- **Hallazgo:** se concentran en el segmento más rentable y con más antigüedad.
- **Insight:** los clientes que más valor aportan reducen su uso, y luego se van, tras el cambio en el soporte.
- **Implicación:** el problema no es de captación; es de retención del valor ya conquistado.

> **Prompt.** «Evalúa estos posibles insights. Distingue dato, hallazgo, insight e implicación, y dime qué evidencia adicional necesitaría para defenderlos ante un comité.»

La IA ayuda a ordenar la escalera y a marcar dónde el argumento es más débil. El criterio humano decide que el insight es lo bastante sólido para actuar, pero pide una comprobación extra, entrevistas rápidas a clientes que se dieron de baja, antes de comprometer presupuesto grande.

## Fase 6 · Construir la narrativa

Los mismos datos pueden contarse de diez maneras. El equipo prueba una secuencia que lleve al comité del contexto a la acción sin empobrecer el razonamiento: contexto, tensión, evidencia, insight, opciones, recomendación.

> **Prompt.** «Propón tres secuencias narrativas para presentar este análisis a un comité de dirección y señala cuál conduce de forma más honesta a una decisión de retención sin ocultar la incertidumbre.»

La IA propone versiones; el equipo elige y reescribe con su voz. Y aplica una regla del capítulo 11: si una visualización no ayuda a responder la pregunta de decisión, se cae de la presentación. De doce gráficos disponibles, sobreviven tres.

## Fase 7 · La decisión

El recorrido termina donde debía: en una recomendación concreta, defendible y trazable, condensada en un brief de una página.

> **Prompt.** «Resume este análisis en un brief de decisión de una página: decisión recomendada, evidencia que la sostiene, alternativas descartadas, riesgos y cinco objeciones anticipadas con su respuesta.»

El comité no aprueba «mejorar la experiencia», una recomendación vaga, sino algo accionable: **frenar la ampliación de captación un trimestre y destinar ese presupuesto a un plan de retención del segmento rentable, empezando por revertir el punto de fricción del soporte**, con un indicador claro (recuperar la recurrencia de ese segmento) y una fecha de revisión. La IA aceleró cada fase; la responsabilidad de la decisión siguió siendo del comité.

## Qué acaba de pasar

Fíjate en lo que ha hecho la inteligencia artificial y en lo que no. Ha reformulado, explorado, ordenado, propuesto y resumido, y ha ahorrado horas en cada fase. No ha decidido qué preguntar, no conocía la política interna, no ha juzgado qué evidencia era suficiente y no ha firmado la recomendación. Ese es, en una imagen, el data storytelling aumentado con IA: un proceso donde la máquina empuja el dato escalera arriba y la persona decide dónde parar y qué hacer.

---

**Idea clave.** Un caso real se resuelve recorriendo todas las fases: la IA multiplica la velocidad en cada peldaño, pero el encuadre, el criterio y la decisión siguen siendo tuyos.

**Tres preguntas para tu contexto.**

1. En tu última decisión con datos, ¿empezaste por la pregunta o por el dashboard?
2. ¿Sabrías separar, en un análisis reciente, el dato del insight y de la implicación?
3. ¿Tus presentaciones terminan en una recomendación accionable o en un «habría que mirarlo»?

**Un ejercicio.** Toma una decisión pendiente en tu equipo y recórrela por las siete fases en una sola página: una frase por fase. Donde te atasques, ahí está tu cuello de botella.

CAP 15.

# Marketing: entender qué pasa y dónde actuar

*En marketing es fácil celebrar el volumen. Lo difícil es saber qué tipo de crecimiento estás comprando.*

El marketing es terreno fértil para el data storytelling: abundan los datos, hay presión por demostrar resultados y se decide constantemente sobre inversión, canales y mensajes. También está lleno de trampas. Muchas organizaciones optimizan métricas intermedias (clics, leads, conversiones) sin mirar margen, recurrencia o calidad del cliente, y construyen dashboards muy activos sin entender qué clase de crecimiento generan. La IA puede analizar campañas, explicar variaciones y preparar mensajes a gran velocidad; el objetivo, sin embargo, es entender mejor dónde actuar. Veámoslo con un caso.

Una empresa vende formación online para profesionales. En el último trimestre las ventas crecen y marketing presenta buenos números: más tráfico, más leads, más conversiones. Pero finanzas detecta una caída de margen, atención al cliente ve más devoluciones y el equipo académico observa que los alumnos captados por ciertas promociones completan menos cursos. La dirección empieza a dudar de si el crecimiento es sano.

## La pregunta correcta

El giro decisivo es cambiar la pregunta. No «qué campañas venden más», sino: **¿estamos creciendo de forma rentable y sostenible, o comprando volumen con descuentos y canales de baja calidad?** Esa pregunta obliga a conectar lo que casi nunca se mira junto: inversión, canal, descuento, margen, recurrencia, finalización y satisfacción, distinguiendo además entre clientes nuevos y recurrentes. El error habitual es analizar solo las primeras métricas del embudo; el data storytelling exige enganchar el embudo con el valor posterior.

## Lo que muestran los datos

Tres hallazgos cambian la conversación.

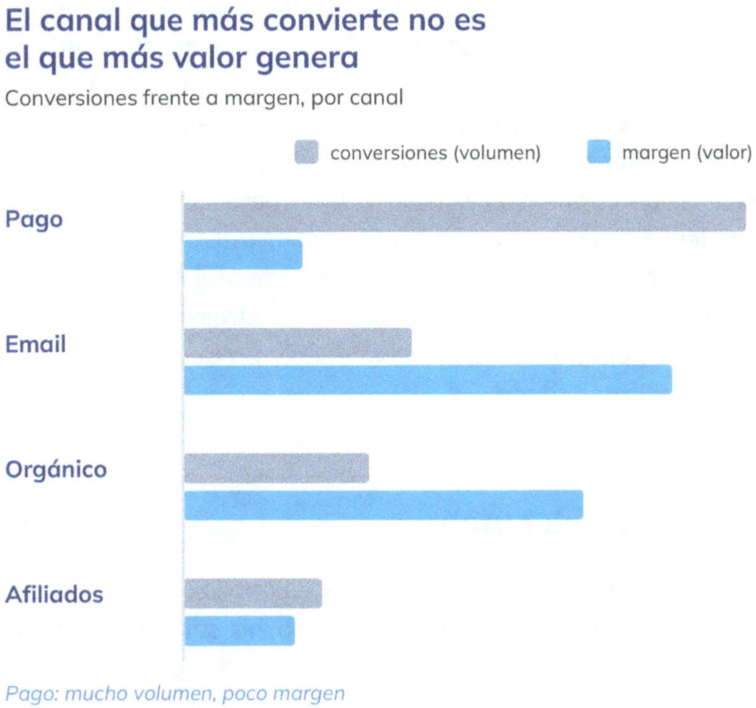


*Figura 15.1 · El canal con más conversiones (pago) es el de menor margen; email y orgánico convierten menos pero dejan más valor.*

El primero: **el canal con más conversiones no es el mejor**. Las campañas de pago generan el mayor número de conversiones, pero al cruzarlas con margen y recurrencia la lectura se invierte: captan clientes a base de descuentos altos, con menos margen y menos recompra, mientras email y orgánico convierten menos pero retienen mejor y cuestan menos. La decisión deja de ser «invertir más donde hay volumen» para pasar a «repartir el presupuesto según valor».

El segundo: **los descuentos explican parte del crecimiento**. El alza se concentra en campañas con descuentos agresivos, que suben la conversión pero bajan el margen y atraen clientes que completan menos y compran menos después. La conclusión es usar los descuentos con puntería: distinguir dónde aportan valor incremental y dónde solo adelantan ventas de baja calidad.

El tercero: **el embudo esconde lo que pasa después**. En formación, suscripción o servicios, el valor real aparece tras la primera compra. Si una campaña convierte bien pero los clientes abandonan, devuelven o no recompran, el rendimiento inicial engaña. La historia tiene que ampliar el horizonte temporal (cohortes, recurrencia por origen) y ahí la IA ayuda a construir esos cruces y a generar las preguntas que marketing, producto y atención deberían analizar juntos.

## La narrativa ejecutiva

La historia se cuenta en cinco pasos, sin culpabilizar y orientando a la decisión: las ventas crecen y el equipo ha subido las conversiones; pero el margen cae y el crecimiento no se reparte igual por canal; se concentra en campañas de pago con descuentos altos; esos clientes recurren y finalizan menos; por tanto, la recomendación no es recortar marketing, sino redistribuir la inversión hacia canales y segmentos de más valor. La última diapositiva plantea tres opciones: mantener la estrategia, recortar descuentos en general o pilotar una redistribución basada en valor y se inclina por lo más prudente: un piloto controlado y medido.

## Activar con IA, con responsabilidad

Validado el insight, la IA acelera la acción: propone segmentaciones, mensajes diferenciados, pruebas A/B, criterios para limitar descuentos o secuencias para mejorar la recurrencia, y adapta la narrativa para dirección, marketing, ventas y atención. Pero no debería decidir sola qué cliente recibe qué oferta: la segmentación automática puede introducir sesgos, saturar comunicaciones o deteriorar la experiencia. El marketing aumentado por IA combina personalización con responsabilidad.

## Idea clave del capítulo

En marketing, la IA multiplica la capacidad de analizar campañas, generar contenido y personalizar. Pero el data storytelling debe impedir que la organización confunda **volumen con valor**: las métricas de actividad ayudan a gestionar; las de valor ayudan a decidir. Una buena historia de datos conecta inversión, conversión, margen, recurrencia y experiencia, y orienta dónde actuar en lugar de qué métrica celebrar. La pregunta final es qué relación estamos construyendo con los clientes que captamos. Del crecimiento pasamos, en el próximo caso, a las personas.

---

**Tres preguntas para tu contexto.**

1. ¿Tus métricas de marketing miden actividad o valor para el negocio?
2. ¿Sabrías conectar tu último informe de campaña con una decisión de inversión?
3. ¿La IA os está ayudando a entender al cliente o solo a producir más contenido?

**Un ejercicio.** Coge tu último informe de marketing y separa las métricas en dos columnas: las que miden lo que hacemos y las que miden lo que conseguimos.

CAP 16.

# Recursos Humanos: de indicadores a decisiones sobre personas

*Aquí los datos no describen ventas ni clics: describen personas. Y eso cambia la responsabilidad de cada gráfico.*

Recursos Humanos es de los ámbitos con más potencial, y más responsabilidad, para el trabajo con datos. Medir rotación, compromiso, desempeño o clima puede mejorar las decisiones; pero la forma de analizar y comunicar esa información puede igualmente reforzar sesgos, simplificaciones y juicios injustos sobre personas concretas. El data storytelling aquí exige una sensibilidad especial: la IA puede resumir encuestas, detectar patrones y diseñar intervenciones, pero debe usarse con prudencia, transparencia y sentido ético. Veámoslo con un caso de rotación.

Una organización tiene una rotación voluntaria del 14 %. El dato aparece en el dashboard mensual y la dirección pregunta si es preocupante. La respuesta no puede salir del número solo: necesita contexto: sector, histórico, perfiles, antigüedad, áreas, motivos de salida, coste de reemplazo. Una tasa agregada puede esconder realidades opuestas, y la primera función del data storytelling es impedir que un promedio aplane una realidad humana compleja.

## La pregunta correcta (y sus límites)

Mejor que «cuánta rotación tenemos» es preguntar: **qué tipo de rotación tenemos, dónde se concentra y qué podemos hacer para no perder talento crítico.** Eso introduce segmentación, relevancia y acción, y obliga a distinguir entre rotación funcional y rotación crítica: perder perfiles poco vinculados no equivale a perder personas de alto desempeño difíciles de reemplazar. Pero no todo dato disponible debe usarse sin pensar: en RRHH hay que preguntarse qué finalidad tiene el análisis, quién accede, cómo se protege la privacidad y qué consecuencias tendrá para las personas. Los datos de personas sirven para **comprender sistemas y mejorar condiciones, no para etiquetar individuos**.

# Lo que muestran los datos

## El 14% de rotación media esconde dónde está el problema

Rotación voluntaria por antigüedad

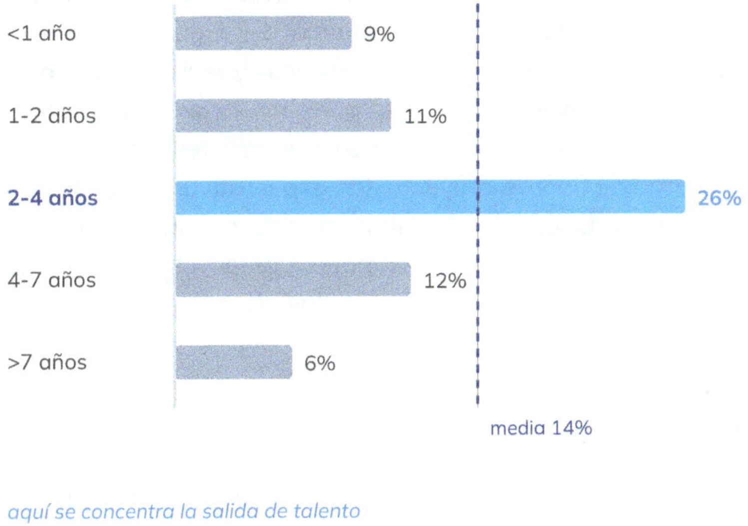


*Figura 16.1 · La media del 14% oculta un pico en la franja de 2-4 años de antigüedad. El promedio describe; la segmentación decide.*

El primer hallazgo: **la rotación no está repartida**. Se concentra en tres áreas y en personas con entre dos y cuatro años de antigüedad; el 14 % agregado escondía ese patrón. Eso cambia la conversación: el problema tiene un momento concreto en la experiencia del empleado. La visualización debe evitar rankings que señalen áreas como culpables y, en su lugar, mostrar el patrón con contexto y abrir preguntas: el insight sirve para investigar mejor, no para señalar.

El segundo: **el momento crítico aparece antes de la salida**. Hay señales previas (menos participación en formación, menos respuesta a encuestas, más horas extra, menos movilidad interna) meses antes. Eso abre una oportunidad (intervenir antes) y un riesgo (convertir el análisis en vigilancia). La narrativa debe hablar de **condiciones organizativas que elevan la probabilidad de salida**, no de etiquetar a individuos como «riesgo de fuga»; y la IA, que puede resumir esos patrones, nunca debe generar listas de personas para intervención sin criterios éticos y revisión humana.

El tercero: **el manager influye, pero no lo explica todo**. Es tentador concluir que el problema son ciertos jefes, pero también pesan la carga, el tipo de proyecto, las expectativas salariales o la falta de carrera. Una narrativa responsable no busca culpables rápidos; usa la IA para generar hipótesis alternativas y ver qué datos harían falta para no sobreatribuir la causa.

## La narrativa ejecutiva

La historia se cuenta sin convertir los datos en juicio individual: la rotación agregada es del 14 %, pero el promedio oculta concentración; el problema se agrupa en perfiles de dos a cuatro años en tres áreas; aparecen señales previas ligadas a desarrollo, carga y vinculación; la explicación más prudente apunta a un problema de carrera y experiencia del empleado, no solo de compensación; y se propone un piloto de intervención en desarrollo profesional, movilidad interna y seguimiento cualitativo. Es una decisión organizativa, no una etiqueta sobre nadie.

## Intervenir y medir, con cuidado

La IA ayuda a diseñar acciones (guías de conversación para managers, itinerarios de desarrollo, análisis de respuestas abiertas, materiales de comunicación) y a adaptar el mensaje para dirección, managers y empleados. Pero pide cuidado extra: las respuestas de encuestas o las entrevistas de salida contienen información sensible que no debería entrar en herramientas sin garantías. En People Analytics, la eficiencia nunca va por delante de la confianza. Y toda intervención responsable incluye seguimiento: medir si cambian la participación, el compromiso, la intención de permanencia y la rotación posterior, completando los números con conversaciones que expliquen el porqué. El objetivo es mejorar sistemas, no predecir personas.

## Idea clave del capítulo

En Recursos Humanos, el data storytelling con IA puede convertir indicadores en decisiones más humanas y mejor fundamentadas. Pero exige prudencia ética: los datos sobre personas no deben servir para simplificar, vigilar o etiquetar, sino para comprender condiciones, diseñar intervenciones y mejorar la experiencia organizativa. La IA apoya el análisis y la comunicación; la responsabilidad sobre las decisiones que afectan a personas debe seguir siendo, de forma explícita, humana. Del lado de las personas pasamos, en el siguiente caso, al de los números: las finanzas.

**Tres preguntas para tu contexto.**

1. ¿Vuestros indicadores de personas sirven para acompañar o para vigilar?
2. ¿Qué decisión sobre personas habéis tomado en el último año basada en datos?
3. ¿Habéis revisado qué sesgos pueden esconder vuestros datos de RR. HH.?

**Un ejercicio.** Elige un indicador de personas que uséis (rotación, absentismo, desempeño) y escribe qué decisión concreta debería ayudar a tomar y qué no debería usarse jamás para justificar.

CAP 17.

# Finanzas: explicar resultados y anticipar escenarios

*Tener los números no es lo mismo que comprender la historia económica que cuentan.*

Las finanzas llevan toda la vida trabajando con datos (presupuestos, márgenes, desviaciones, escenarios), y aun así tener cifras no garantiza entender qué dicen. Es un terreno privilegiado para el data storytelling porque conecta directo con decisiones: invertir, recortar, revisar precios, financiar crecimiento. La IA puede explicar variaciones, sintetizar resultados, generar escenarios y redactar comentarios de gestión, pero aquí el rigor es innegociable: una explicación errónea tiene consecuencias. Veámoslo.

Una empresa cierra el trimestre con **ingresos por encima del presupuesto** pero **margen operativo por debajo**. El titular fácil es positivo, vendemos más de lo esperado, pero el resultado económico no acompaña. La pregunta central no es cuánto hemos vendido, sino: **¿por qué crecemos en ingresos y no convertimos ese crecimiento en margen?** El informe no debe limitarse a mostrar variaciones; debe explicar la historia económica del trimestre, separando volumen, precio, mix, descuentos y costes.

## Los tres motores de la desviación

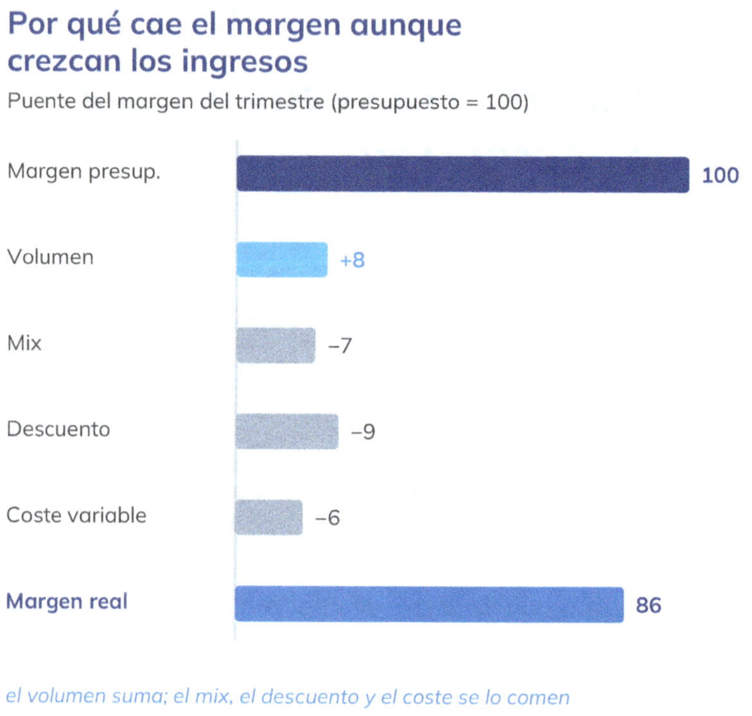


*Figura 17.1 · El puente del margen descompone la desviación: el volumen suma, pero mix, descuentos y costes se la comen.*

El primer hallazgo: **el crecimiento viene de productos de menor margen**. Los ingresos suben sobre todo en una línea poco rentable, mientras las líneas más rentables se estancan. No crecemos igual en todo el portfolio: crecemos donde ganamos menos por euro vendido. El insight: *el crecimiento se explica por un cambio de mix hacia productos de menor rentabilidad*.

El segundo: **los descuentos aceleran ventas pero erosionan margen**. Ciertas campañas subieron el volumen con rebajas por encima de lo previsto, y eso explica parte de la desviación. La narrativa debe ser equilibrada, porque las promociones pueden haber sido necesarias para captar demanda o defender cuota, pero su efecto tiene que verse. Y la IA, que ayuda a descomponer variaciones, no exime de verificar los cálculos: en finanzas, la trazabilidad es sagrada.

El tercero: **los costes variables crecen más rápido que los ingresos**. Materias primas, logística o coste de servicio abren una segunda línea de decisión: no basta con revisar la estrategia comercial, también hay que mirar estructura de costes y productividad. Una buena historia financiera conecta ingresos, margen y costes; si se queda en ventas, la decisión será incompleta. El puente de margen reúne los tres efectos en una sola imagen.

## De los resultados a los escenarios

El valor financiero está en anticipar el futuro, además de explicar el pasado. A partir del análisis, la dirección puede contrastar escenarios: mantener el crecimiento en volumen; reducir descuentos y aceptar menos crecimiento; reequilibrar el mix hacia productos de más margen; o renegociar costes y revisar procesos. La IA ayuda a estructurarlos, formular supuestos y redactar la narrativa, pero **no debe inventar cifras**: si se usan valores estimados, hay que etiquetarlos como hipótesis y acompañarlos de sus riesgos, condiciones de éxito y señales de seguimiento. La narrativa ejecutiva, así, no celebra ingresos sin mirar rentabilidad ni recomienda recortar a ciegas: presenta alternativas con consecuencias.

## Comentarios de gestión, con gobernanza

Un uso muy práctico es redactar el comentario de gestión: a partir de datos validados, la IA genera una primera explicación de variaciones y la adapta a distintos niveles. Pero ese borrador se revisa con lupa (cifras, definiciones, causalidad, tono y límites) en un flujo claro: datos validados → borrador → revisión financiera → revisión de negocio → versión ejecutiva. Y todo ello dentro de una gobernanza explícita: qué datos son oficiales, quién valida, qué cálculos son trazables y qué información no debe entrar en herramientas no aprobadas. La automatización no reduce la responsabilidad del área financiera; la aumenta, porque un informe hecho deprisa circula con la misma autoridad que uno revisado durante días aunque no tenga la misma calidad.

## Idea clave del capítulo

En finanzas, el data storytelling con IA puede mejorar el reporting, la explicación de resultados y la construcción de escenarios. Pero el rigor es la condición de todo: la IA trabaja sobre datos validados, definiciones claras, supuestos explícitos y revisión humana. Una buena historia financiera no responde solo cuánto hemos ganado o perdido; explica por qué, qué riesgos aparecen y qué decisiones conviene considerar. Del dinero pasamos, en el último caso, al aprendizaje: la educación.

---

**Tres preguntas para tu contexto.**

1. ¿Vuestros informes financieros explican el porqué o solo presentan el cuánto?
2. ¿Están validadas y compartidas las definiciones de vuestras métricas clave?
3. ¿Construís escenarios o solo reportáis el pasado?

**Un ejercicio.** Coge tu último cierre y añade, junto a cada desviación relevante, una frase que explique la causa y una que indique la implicación.

CAP 18.

# Educación: aprender con datos e IA

*En educación, los datos rara vez deberían servir para controlar más. Deberían servir para comprender mejor.*

La educación es de los terrenos donde el data storytelling con IA puede tener más impacto, no porque el aula deba volverse un laboratorio de vigilancia, sino porque enseñar y aprender son procesos profundamente interpretativos. Hace años que se acumulan datos (calificaciones, asistencia, entregas, participación en plataformas, abandono), pero el problema es el de siempre: hay datos y no historia, indicadores y no interpretación, dashboards académicos y no conversaciones pedagógicas. La pregunta no es cuántos datos tenemos sobre los estudiantes, sino qué comprensión pedagógica construimos con ellos.

Y eso exige interpretación. Una señal no es una explicación: que un estudiante no entregue una actividad puede deberse a dificultades conceptuales, falta de tiempo, problemas personales, baja motivación o instrucciones mal entendidas. Los datos capturan una parte; el sentido lo pone el criterio docente. La IA acelera el trabajo (resume interacciones, detecta temas en los comentarios, ayuda a redactar feedback), pero la responsabilidad de interpretar sigue siendo humana.

## Del indicador a la historia de aprendizaje

Un indicador aislado informa, pero no explica. «El 28 % no ha finalizado» es reporting; el data storytelling pregunta *cuándo empieza a construirse ese abandono, qué señales lo anticipan y qué podemos hacer antes*. La diferencia está en esa transición, del dato a la pregunta pedagógica, y es crítica en entornos online, donde la falta de contacto presencial hace que los problemas se detecten tarde. De ahí el uso más valioso: la **detección temprana**, no para etiquetar, sino para intervenir antes. El abandono casi nunca es súbito: primero baja la participación, luego se retrasa una entrega, después cae la interacción y, al final, el estudiante desaparece. Si solo miramos el resultado, llegamos tarde.

## Caso: abandono en un curso online

Un programa online de doce semanas sobre datos tiene una finalización del 64 %. El equipo quiere mejorarla sin rebajar exigencia.

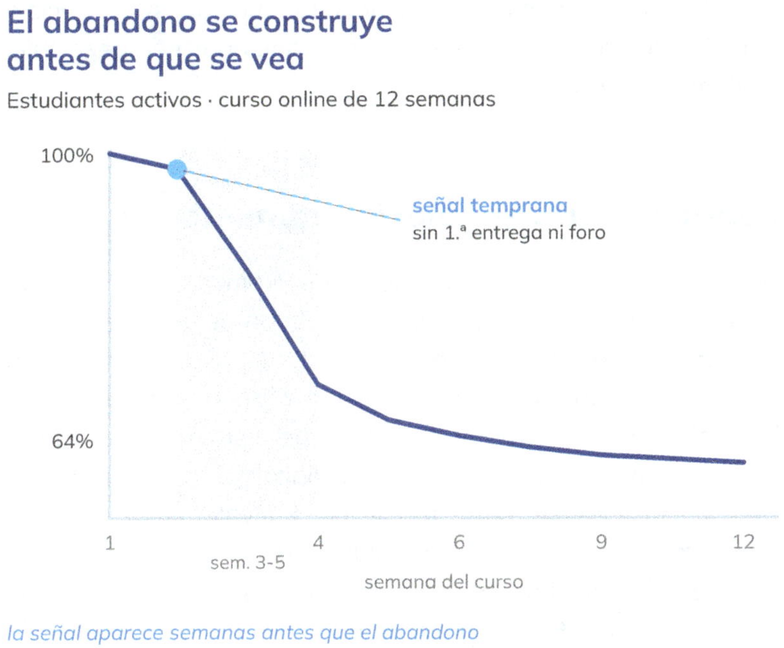


*Figura 18.1 · El abandono se concentra en las semanas 3-5, pero la señal aparece antes: en la falta de activación temprana.*

La lectura descriptiva muestra que el abandono se concentra entre las semanas 3 y 5. La detallada revela algo más útil: quienes no entregan la primera actividad práctica tienen mucha más probabilidad de no finalizar, y quienes participan al menos una vez en el foro en las dos primeras semanas continúan más. El insight no es «la primera actividad importa», sino: *el abandono no empieza cuando el estudiante deja de entrar, sino cuando no logra activar un compromiso práctico temprano.* Eso cambia la decisión: en lugar de recordatorios genéricos, rediseñar el arranque: una primera actividad breve y guiada, un mensaje personalizado si no la inicia, un foro orientado a resolver una duda concreta, feedback rápido en la primera entrega. La IA apoya redactando mensajes, generando feedback inicial y resumiendo patrones; la decisión pedagógica central, crear mejores condiciones para empezar bien, sigue siendo humana.

## Feedback y autorregulación aumentados

El feedback es uno de los espacios más prometedores. Un buen feedback no solo corrige: orienta sobre dónde estás, qué lograste, qué mejorar y cuál es el siguiente paso. La IA ayuda a redactarlo más claro y accionable a partir de una rúbrica y de evidencias reales del trabajo, siempre con criterios estrictos: basado en evidencias, sin juicios personales, verificable, distinguiendo lo objetivo de la sugerencia de redacción. Su valor está en liberar tiempo para una orientación más cuidadosa.

Y el data storytelling también sirve al propio estudiante. «Has completado el 35 % del curso» informa; «aún no has hecho la primera actividad práctica, y empezarla en la primera semana se asoció con más probabilidad de finalizar; dedícale hoy treinta minutos» orienta. Una buena historia de datos no le dice al estudiante quién es: le ayuda a ver qué puede hacer a continuación, sin convertir la personalización en presión ni en vigilancia.

## Los riesgos éticos

Aquí trabajamos con trayectorias, oportunidades y confianza. Los riesgos son claros: reducir al estudiante a un perfil de riesgo, confundir baja actividad digital con falta de capacidad, intervenir de forma automatizada sin sensibilidad o incrementar la vigilancia disfrazada de acompañamiento. La respuesta está en fijar buenos principios de uso: el dato abre conversaciones, no cierra juicios; la IA apoya la mirada docente, no la reemplaza; la intervención es proporcional al riesgo y transparente para la persona afectada.

## Idea clave del capítulo

En educación, los datos y la IA valen cuando ayudan a comprender mejor el aprendizaje y a acompañar mejor a las personas. El objetivo es intervenir con más sensibilidad, claridad y oportunidad, convirtiendo indicadores dispersos en historias de aprendizaje. La IA puede analizar, redactar feedback y diseñar intervenciones, pero no sustituye el juicio docente: en educación, el criterio humano no es un complemento del sistema, es su condición de legitimidad.

Con los cuatro casos cerramos la práctica. La última parte mira hacia delante: qué competencias y qué profesional hacen falta cuando la IA forma parte natural del trabajo con datos.

---

**Tres preguntas para tu contexto.**

1. ¿Los datos que recogéis mejoran el aprendizaje o solo lo miden?
2. ¿Llegan a tiempo para intervenir o cuando ya no hay margen?
3. ¿Cómo protegéis la privacidad y la dignidad de quien está siendo medido?

**Un ejercicio.** Elige un indicador educativo que uséis y diseña una intervención concreta que se activaría cuando ese indicador se mueva.

CAP 19.

# Operaciones y cadena de suministro: decidir en tiempo real

*En operaciones, un buen análisis que llega tarde no vale nada. La velocidad importa; el criterio, más.*

Pocas áreas producen tantos datos como las operaciones: cada pedido, cada envío, cada rotura de stock, cada minuto de parada de una máquina deja un rastro. Y pocas sufren tanto la paradoja de los datos: cuadros de mando llenos de indicadores en verde y en rojo que nadie sabe cómo traducir en la decisión de hoy.

**La situación.** Delta es una empresa de distribución con cientos de referencias. El problema clásico y doble: en algunos productos hay roturas de stock, y se pierde venta, y en otros exceso de inventario, y se inmoviliza dinero. El director de operaciones vive apagando fuegos y el comité pide «optimizar el inventario», una de esas recomendaciones vagas que no se pueden ejecutar.

**La pregunta correcta.** Optimizar no es una decisión; es un deseo. La pregunta accionable es otra: ¿en qué referencias concretas, y por qué, se concentra el desajuste, y cuáles se pueden corregir esta semana? Aquí la IA ayuda a explorar el volumen de datos que ninguna persona podría recorrer a mano.

> **Prompt.** «A partir de este histórico de demanda, roturas y stock por referencia, agrupa los productos por patrón de desajuste (rotura crónica, exceso crónico, estacionalidad mal cubierta) y señala en cuáles el error de previsión es mayor.»

**El insight.** La IA revela que el problema no está repartido: una minoría de referencias de alta rotación y demanda estacional explica la mayor parte de las roturas, mientras el exceso se concentra en productos de baja rotación que se siguen pidiendo por inercia. El dato llamativo («tenemos un 12 % de roturas») se convierte en una comprensión útil: *el desajuste no es general, es de un puñado de referencias con estacionalidad mal anticipada.*

**El criterio humano.** Aquí la máquina se queda corta, y es normal. La IA no sabe que dos de esas referencias dependen de un proveedor con plazos de entrega largos e inflexibles, ni que otra está a punto de descatalogarse. Ese conocimiento operativo, el que vive en la cabeza del equipo, es el que convierte el patrón en un plan realista. Optimizar «todo» era imposible; ajustar diez referencias con criterio, no.

**La decisión.** El comité no aprueba «optimizar el inventario», sino algo concreto: revisar la previsión de las referencias estacionales críticas antes del próximo pico, renegociar el punto de pedido con el proveedor lento y frenar la reposición automática de las referencias de exceso crónico. Con un indicador claro, reducir la rotura en las referencias críticas, y una fecha de revisión.

### Del desajuste general a la acción

Agrupar por patrón antes de decidir

| PATRÓN | ACCIÓN |
| --- | --- |
| **Estacionalidad mal cubierta**<br>Explica casi todas las roturas del trimestre. | **Revisar la previsión**<br>Antes del próximo pico, no después. |
| **Rotura por proveedor lento**<br>Plazos largos e inflexibles. | **Renegociar el punto de pedido**<br>Con el proveedor, en las líneas críticas. |
| **Exceso crónico**<br>Baja rotación, pedido por inercia. | **Frenar la reposición automática**<br>Revisar a mano durante un ciclo. |

*tres patrones, tres acciones distintas*

*Figura 19.1 · Del desajuste general a la acción concreta: agrupar por patrón antes de decidir.*

En operaciones, el data storytelling con IA busca la decisión más rápida y defendible. La IA recorre en segundos un volumen de datos inabarcable y propone agrupaciones; la persona aporta lo que no está en la tabla (restricciones, plazos, prioridades) y decide dónde actuar primero.

---

**Idea clave.** En operaciones el valor está en aislar el puñado de casos donde una acción concreta cambia el resultado; la IA acota el volumen, tu criterio operativo aterriza la decisión.

**Tres preguntas para tu contexto.**

1. ¿Tus cuadros de mando de operaciones terminan en una acción de esta semana o solo en colores?
2. ¿Sabes qué minoría de casos explica la mayoría de tu problema?
3. ¿Qué restricción real (un proveedor, un plazo) invalidaría una recomendación «óptima» sobre el papel?

**Un ejercicio.** Coge tu mayor problema operativo actual y aplícale la regla del 20/80: identifica el pequeño grupo de casos que concentra el grueso del impacto y define una sola acción para ellos.

CAP 20.

# Ventas y desarrollo de negocio: del pipeline a la acción

*El CRM está lleno de datos sobre lo que pasó. La pregunta de ventas es siempre otra: ¿qué hago mañana?*

Ventas es un área con una relación curiosa con los datos: tiene muchos, porque cada oportunidad, cada llamada y cada etapa del embudo quedan registradas, pero a menudo los usa para reportar el pasado, no para decidir el futuro. El *forecast* se convierte en un ritual de optimismo y el *pipeline* en una lista que se mira antes de la reunión y se olvida después.

**La situación.** Norte es una empresa B2B con un ciclo de venta largo. La dirección comercial está preocupada: entran oportunidades, pero la tasa de cierre ha bajado y nadie sabe bien por qué. La reacción por defecto, «hay que meter más leads arriba del embudo», vuelve a estar sobre la mesa.

**La pregunta correcta.** Como en el caso integrador, el reflejo es echar más volumen al problema. Pero antes conviene entender *dónde* se rompe el embudo, no solo *cuánto* se cierra. La IA ayuda a explorar el pipeline con una mirada que la hoja de cálculo no da.

> **Prompt.** «A partir de este histórico de oportunidades con sus etapas, duración y motivo de pérdida, dime en qué etapa se atascan o se caen más oportunidades y qué characterísticas comparten las que se pierden frente a las que se ganan.»

**El insight.** El patrón sorprende al equipo: las oportunidades no se pierden al final, en la negociación de precio, como todos creían, sino mucho antes, en la fase de propuesta, y sobre todo en un tipo de cliente concreto donde el ciclo se alarga hasta morir de inanición. El problema no es de captación ni de descuentos: es que se está invirtiendo tiempo comercial en oportunidades que casi nunca cierran.

**El criterio humano.** La IA detecta la correlación, pero es el equipo quien la interpreta con conocimiento de campo: esas oportunidades que se alargan son de un segmento al que Norte llega mal, con un producto que encaja regular. El dato no dice «deja de vender a ese segmento»; lo dice la conversación entre el análisis y la experiencia comercial.

**La decisión.** En vez de «meter más leads», la dirección decide **cualificar antes y mejor**: definir criterios claros para descartar pronto las oportunidades de bajo encaje y reinvertir ese tiempo comercial en las que sí cierran. El indicador no es el número de oportunidades, sino la tasa de cierre y el tiempo medio de ciclo. Menos pipeline, mejor pipeline.

## El embudo real: la fuga no estaba donde se creía

Mirar dónde se rompe el embudo cambia la decisión:
cualificar mejor, no vender más.

*Figura 20.1 · El embudo real de Norte: la fuga no estaba donde se creía. Mirar dónde se rompe cambia la decisión.*

El data storytelling con IA en ventas convierte el CRM de un archivo del pasado en una herramienta de decisión. La IA encuentra el punto de fuga que la intuición no veía, y es el criterio comercial el que decide qué hacer con él. Y, como casi siempre, la mejor decisión fue enfocar mejor.

**Idea clave.** En ventas, más volumen rara vez es la respuesta; la IA ayuda a ver dónde se rompe de verdad el embudo, y tu criterio comercial convierte ese punto de fuga en una decisión de foco.

**Tres preguntas para tu contexto.**

1. ¿Sabes en qué etapa exacta de tu embudo se pierden más oportunidades?
2. ¿Cuánto tiempo comercial dedicas a oportunidades que casi nunca cierran?
3. ¿Tu forecast describe el pasado o te ayuda a decidir dónde poner el esfuerzo mañana?

**Un ejercicio.** Segmenta tus oportunidades perdidas del último año por etapa y por tipo de cliente. Busca el patrón común de las que se caen: ahí tienes tu criterio de cualificación.

CAP 21.

# Sector público: datos para decidir con transparencia

*En lo público, una decisión con datos no solo tiene que ser buena: tiene que poder explicarse a quien la paga y a quien la sufre.*

El sector público tiene una particularidad que cambia las reglas del data storytelling: sus decisiones afectan a ciudadanos que no eligieron ser analizados, se financian con dinero de todos y deben poder justificarse en público. Aquí la transparencia, como vimos en el capítulo de ética, deja de ser una virtud opcional para convertirse en un requisito.

**La situación.** Un ayuntamiento tiene que decidir dónde reforzar el servicio de transporte con un presupuesto limitado. Hay presión política por varios barrios, intuiciones de los técnicos y una montaña de datos de uso, quejas y demografía que nadie ha cruzado. La tentación es decidir por presión o por costumbre y buscar después los datos que lo justifiquen.

**La pregunta correcta.** No es «¿qué barrio se queja más?», sino «¿dónde una mejora del servicio tendría más impacto en más personas que hoy están peor atendidas?». Una pregunta que obliga a definir qué se entiende por impacto y por equidad antes de mirar un solo dato.

> **Prompt.** «Cruza estos datos de uso del transporte, tiempos de espera, quejas y densidad de población por zona, y ayúdame a identificar dónde coinciden alta necesidad y bajo nivel de servicio. Señala explícitamente qué zonas quedan mal cubiertas por los datos disponibles.»

**El insight.** El análisis muestra que las zonas que más se quejan no son las peor atendidas, sino las que tienen voz y la usan. Las peor cubiertas son barrios con menor renta y menos quejas registradas, precisamente porque están acostumbrados a un mal servicio y han dejado de reclamar. El dato de las quejas, tomado solo, habría llevado a la decisión contraria a la más justa.

**El criterio humano.** La IA cruza los datos, pero son los técnicos y los responsables públicos quienes deciden qué pesa más (eficiencia, equidad, viabilidad) y quienes asumen que ese juicio de valor es político y debe explicarse, no esconderse detrás de un algoritmo. «Lo dicen los datos» no exime de decidir, y en lo público hay que explicar además *qué* datos y *con qué criterio*.

**La decisión.** El ayuntamiento refuerza el servicio en las zonas donde coinciden mayor necesidad y peor cobertura y, esto es lo distintivo del sector público, **publica el análisis y el criterio** con el que se ha decidido: qué datos se usaron, qué se priorizó y qué limitaciones tiene. La decisión se puede discutir, pero no acusar de opaca.

## Necesidad frente a nivel de servicio

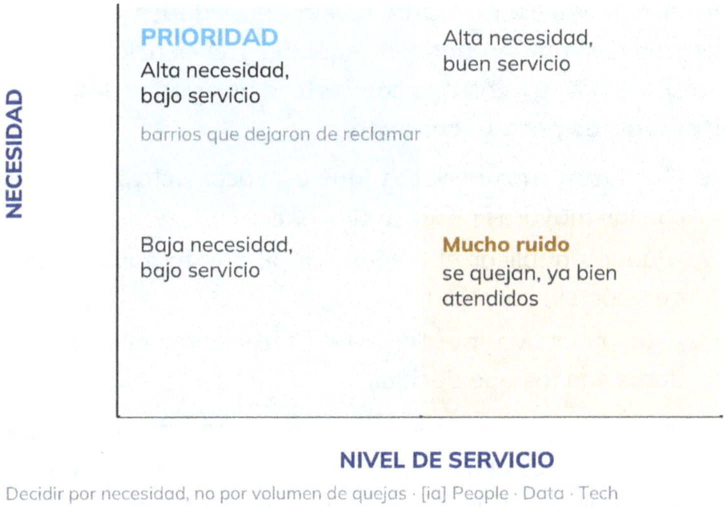


*Figura 21.1 · Necesidad frente a servicio. La decisión justa mira dónde falta cobertura, no dónde hay más ruido.*

En lo público, el data storytelling con IA tiene una responsabilidad extra: no basta con decidir bien, hay que poder mostrar cómo se decidió. La IA ayuda a cruzar datos que revelan necesidades invisibles; el criterio humano pondera valores en conflicto; y la transparencia convierte una decisión técnica en una decisión legítima.

**Idea clave.** En el sector público la mejor decisión con datos es también la más explicable: la IA revela necesidades que el ruido oculta, el criterio humano pondera equidad y eficiencia, y la transparencia sobre datos y criterios convierte la decisión en legítima.

**Tres preguntas para tu contexto.**

1. ¿Tus datos más ruidosos (quejas, voces activas) coinciden con las mayores necesidades reales?
2. ¿Podrías publicar el criterio con el que tomaste tu última decisión sin sonrojarte?
3. ¿Qué colectivo puede estar infrarrepresentado en los datos con los que decides?

**Un ejercicio.** En una decisión reciente de reparto de recursos, separa las zonas o colectivos por «necesidad» y por «volumen de reclamación». Comprueba si tu decisión siguió a la necesidad o al ruido.

PARTE V

# El futuro del data storytelling aumentado por IA

CAP 22.

# AI Literacy y Data Literacy

*La IA no elimina la necesidad de saber trabajar con datos. La amplifica.*

Llevamos todo el libro sobre la misma idea, y conviene nombrarla de frente. Durante años hablamos de *data literacy*, alfabetización de datos, como la competencia para interpretar indicadores, leer gráficos, formular preguntas y decidir con evidencia. Con la IA generativa aparece otra, la *AI literacy*. El error sería tratarlas por separado: en la práctica se entrelazan. Trabajar con datos implicará trabajar con IA, y trabajar con IA exigirá evaluar datos, fuentes, sesgos e incertidumbre. El futuro del data storytelling no depende solo de tener mejores modelos o dashboards, sino de profesionales capaces de pensar críticamente con datos **y** con IA. No basta con saber usar una herramienta: hay que saber qué preguntarle, cómo interpretar su respuesta y cuándo no fiarse.

## Qué es data literacy

No consiste en convertir a todo el mundo en científico de datos, ni en que todos programen. Es la capacidad de **leer, interpretar, cuestionar, comunicar y usar datos en el contexto de una decisión**: saber qué mide un indicador, cómo se calculó, con qué compararlo, qué limitaciones tiene y qué conclusión permite y cuál no. Tiene cuatro caras. La **conceptual**: entender tendencia, variación, distribución, promedio, correlación. La **crítica**: no aceptar una cifra solo porque aparece en un informe. La **comunicativa**: explicar datos con claridad a otros. Y la **ética**: preguntarse qué consecuencias tiene medir, clasificar y decidir con datos. El data storytelling vive en el centro de las cuatro, porque obliga a convertir datos en una explicación útil para alguien.

## Qué es AI literacy

Tampoco exige ser ingeniero de *machine learning*. Es comprender **qué puede y qué no puede hacer la IA, cómo usarla con eficacia, cómo verificar sus respuestas y qué riesgos éticos implica**. Una persona alfabetizada en IA sabe que un modelo genera textos, hipótesis, código y análisis preliminares, pero también que puede equivocarse, inventar, simplificar, reproducir sesgos, sonar seguro sin estarlo y depender por completo del contexto que recibe. En datos esto es crítico: la IA puede analizar una tabla y redactar conclusiones, pero el profesional debe verificar los cálculos, las variables omitidas y el nivel de certeza. La alfabetización en IA combina **curiosidad** para explorar y **escepticismo** para no delegar el juicio.

## La intersección

Cuando ambas se combinan nace una competencia nueva: usar la IA para pensar, analizar y comunicar datos de forma crítica.

## Dos alfabetizaciones que ya no se separan

El criterio nace en la intersección

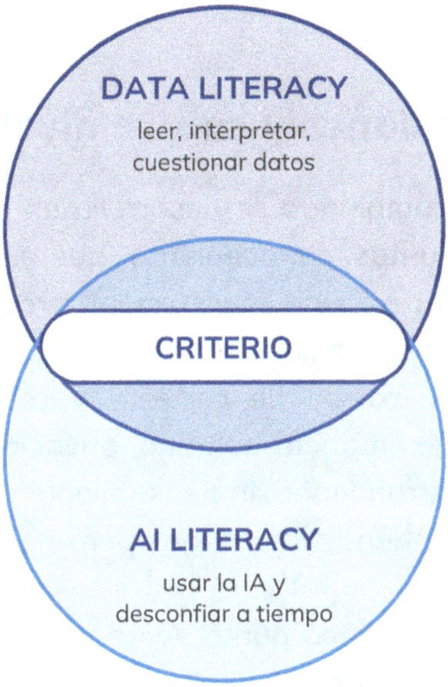


pensar con datos y con IA al mismo tiempo

*conocimiento · práctica · pensamiento crítico · responsabilidad*

*Figura 22.1 · Data literacy y AI literacy ya no pueden separarse, y el criterio profesional vive justo en esa intersección.*

Esa intersección es formular preguntas claras antes de pedir ayuda, dar contexto suficiente, exigir que la IA separe observaciones de hipótesis e inferencias, validar lo relevante, detectar lo plausible-pero-no-demostrado, usar la IA para generar alternativas en vez de confirmar intuiciones y añadir revisión ética cuando se decide sobre personas. No se trata de hacer más rápido lo de siempre, sino de mejorar la calidad de todo el proceso. Por eso importa pasar de **usuarios de herramientas a profesionales con**

**criterio**: las herramientas cambian, el criterio permanece. La alfabetización real se mide por la calidad de las decisiones que tomas con las herramientas, no por cuántas conoces.

## Cuatro dimensiones y cuatro niveles

La alfabetización combinada se desarrolla en cuatro dimensiones que deben crecer juntas: **conocimiento** (qué necesito comprender: un KPI, una correlación, una alucinación), **práctica** (qué sé hacer con la IA y los datos), **pensamiento crítico** (qué debo cuestionar: supuestos, sesgos, exceso de certeza) y **responsabilidad** (qué consecuencias tiene: impacto humano, privacidad, transparencia). Quien domina la herramienta sin pensamiento crítico es tan incompleto como quien entiende los riesgos pero no sabe aprovechar la tecnología.

Y nadie parte del mismo punto. Ayuda distinguir cuatro niveles de madurez: **instrumental** (se usan herramientas para tareas sueltas, sin marco, con riesgo de aceptar resultados sin revisar); **guiado** (se formulan mejores preguntas, se aporta contexto y se verifica, aún con plantillas y acompañamiento); **crítico y narrativo** (se usa la IA para razonar mejor (generar hipótesis, detectar sesgos, comparar escenarios) sin delegar el criterio); y **estratégico** (la organización integra datos e IA en sus decisiones con gobernanza, formación y revisión ética). El objetivo es subir de nivel sin saltarse el criterio.

## Formar, y la cultura que hace falta

Formar en estas competencias es partir de casos reales y decisiones concretas, combinar conceptos sin tecnicismos, lectura crítica de gráficos y respuestas de IA, práctica de preguntas y *prompts*, revisión de sesgos y discusión ética. Pero la alfabetización no es solo individual: una organización con personas competentes puede decidir mal si su cultura no acompaña. Una cultura madura favorece las preguntas incómodas, la transparencia sobre métricas y el aprendizaje de los errores, y evita los dos extremos: el **fetichismo del dato**, que cree que todo número es verdad suficiente, y la **resistencia al dato**, que descarta la evidencia cuando incomoda. Entre ambos está el uso razonable: valorar la evidencia sin olvidar contexto, experiencia y responsabilidad.

## Idea clave del capítulo

En la era de la IA, data literacy y AI literacy ya no pueden tratarse por separado: necesitamos profesionales capaces de pensar críticamente con datos y con IA a la vez. La alfabetización es desarrollar criterio: saber preguntar, verificar, interpretar, comunicar y asumir responsabilidad. Esa es una de las competencias centrales del profesional aumentado, que es de quien trata el próximo capítulo.

---

**Tres preguntas para tu contexto.**

1. ¿En tu equipo se sabe leer un gráfico con espíritu crítico?
2. ¿Y valorar críticamente una respuesta de la IA?
3. ¿Vuestra formación enseña herramientas o desarrolla criterio?

**Un ejercicio.** Pasa a tu equipo un análisis con un error deliberado (una escala engañosa, una causa mal atribuida) y observa cuántos lo detectan.

CAP 23.

# El profesional aumentado

*El profesional aumentado no es quien produce más con IA, sino quien piensa, decide y comunica mejor con ella.*

Durante mucho tiempo la productividad se midió por producir más: más informes, más análisis, más presentaciones. La IA generativa intensifica esa lógica, porque permite generar más contenido en menos tiempo. Pero si la usamos solo para acelerar rutinas mediocres, obtendremos más de lo mismo: más informes que nadie lee, más gráficos sin interpretación, más documentos con apariencia profesional y poca profundidad. El valor real aparece cuando la IA nos ayuda a **elevar la calidad**: mejores preguntas, revisión de supuestos, exploración de alternativas, más tiempo para el juicio humano. El profesional aumentado no delega su pensamiento en la IA, sino que se apoya en ella para pensar con más amplitud, rigor y velocidad.

## De productor a orquestador

La transformación de fondo es esa: del profesional que fabrica piezas al que dirige el proceso.

*Figura 23.1 · El profesional aumentado pasa de hacer todas las piezas a dirigir el sistema de trabajo.*

El **productor** dedica su tiempo a elaborar manualmente informes, tablas y presentaciones. Muchas de esas tareas podrán automatizarse o acelerarse. El **orquestador** diseña el proceso: decide qué pregunta merece atención, qué datos hacen falta, qué herramienta conviene, qué hay que verificar, qué interpretación es más plausible y qué acción activar. No abandona la ejecución, porque debe seguir entendiendo cómo se construyen los resultados, pero su valor diferencial ya está en coordinar criterio, herramientas, datos, contexto y comunicación.

## Las capacidades humanas que ganan valor

Cuanto mejor produzcan las máquinas, más valen ciertas capacidades humanas. **Formular problemas**: la IA responde, pero necesita dirección, y muchas malas respuestas nacen de malas preguntas. **Comprender el contexto**: los modelos reciben contexto, pero no viven dentro de la organización ni conocen sus tensiones, su historia y sus consecuencias humanas. **Ejercer juicio**: decidir cuándo una respuesta basta, cuándo la evidencia es débil y cuándo una recomendación no es responsable. **Integrar perspectivas**: los problemas reales mezclan datos, negocio, personas, tecnología y ética. Y **comunicar con sentido**: la IA redacta, pero el profesional decide qué historia merece contarse, a quién y con qué finalidad.

Todo ello se ordena en un flujo donde la persona mantiene el control del propósito y de la evaluación: definir la decisión, formular preguntas, reunir datos y contexto, usar la IA para explorar hipótesis y alternativas, validar con datos y criterio, diseñar visualización y narrativa, comunicar para decidir y evaluar qué ocurrió después. Ese ciclo evita los dos errores gemelos, usar IA sin dirección y usarla sin revisión, y, según el rol, se concreta distinto: el **analista** aumentado traduce resultados técnicos en implicaciones y señala límites; el **directivo** aumentado no se vuelve técnico, pero formula mejores preguntas (qué evidencia sostiene esto, qué hipótesis descartamos, cómo sabremos si nos equivocamos); el **docente o consultor** aumentado genera mejores diapositivas situaciones para que otros aprendan o decidan.

## Riesgos, y diez hábitos

La promesa trae riesgos claros: **dependencia** (perder músculo propio si no revisamos), **automatización del sesgo** (si pedimos justificar en vez de cuestionar), **homogeneización** (si todos usan instrucciones parecidas, todo suena igual), **exceso de confianza** (lo fluido parece verdadero) y **pérdida de responsabilidad** (el «lo dijo el sistema» como excusa). Frente a ellos, diez hábitos que no dependen de ninguna herramienta:

1. Empieza por la decisión, no por la herramienta.
2. Formula preguntas antes de pedir respuestas.
3. Aporta contexto suficiente a la IA.
4. Pide alternativas, no solo una solución.
5. Distingue hechos, inferencias, hipótesis y recomendaciones.
6. Verifica cifras, fuentes y supuestos relevantes.
7. Usa la IA como revisora crítica de tu propio razonamiento.
8. Adapta la comunicación a la audiencia sin distorsionar la evidencia.
9. Documenta decisiones, criterios y aprendizajes.
10. Asume la responsabilidad del resultado final.

Conviene, además, construir no solo una biblioteca de *prompts*, que ejecutan tareas, sino una de **criterios**, que evalúan si el resultado es bueno: claro, honesto, relevante, accionable y fiel a los datos. Sin criterios, los prompts son una colección de atajos; con ellos, un sistema de trabajo.

## ¿Hasta cuándo será solo un copiloto?

Es la pregunta que me hacen siempre que defiendo esta idea, y me parece la objeción más honesta que se le puede poner a este libro. Si la inteligencia artificial ya redacta, analiza, visualiza y explica, ¿cuánto tiempo le queda al criterio humano antes de que también eso se automatice?

Empiezo por lo que no voy a hacer, que es darte una fecha. Quien te la dé, te está vendiendo algo. Tampoco voy a fingir que la frontera está quieta: se ha movido mucho en muy poco tiempo, y

hace cinco años yo mismo habría jurado que varias de las tareas que hoy delego a diario eran territorio exclusivamente humano. Lo razonable es esperar que siga moviéndose.

Pero creo que la pregunta mezcla dos cosas que conviene separar. Una es de qué es capaz una máquina, y ahí la respuesta cambia cada año. La otra es quién responde por lo que se decide, y esa no se transfiere sola por el hecho de que la máquina mejore. Cuando una organización recorta un presupuesto, cierra una línea de negocio o cambia las condiciones de un servicio, hay personas afectadas que pueden pedir explicaciones. Ningún comité, ningún regulador y ningún cliente va a aceptar «lo decidió el modelo» como respuesta. Mientras decidir tenga consecuencias sobre gente concreta, alguien con nombre y apellidos tendrá que sostener la decisión, y para sostenerla hay que entenderla.

Hay además un efecto que suele pasarse por alto. A medida que producir análisis se abarata, lo escaso deja de ser la producción y pasa a ser el juicio: saber qué merece la pena preguntar, qué evidencia basta, qué puede afirmarse y qué no. Que se automatice una parte del trabajo no rebaja el valor de la otra, más bien lo sube.

Así que mi respuesta sincera al «hasta cuándo» es que quizá sea la pregunta equivocada. La útil es qué haces con el tiempo que la IA te devuelve. Si lo dedicas a producir más rápido lo de siempre, tu posición es frágil. Si lo dedicas a subir por la cadena (encuadrar mejor los problemas, discutir la evidencia, acompañar decisiones difíciles), la herramienta juega a tu favor.

Y sí, cabe que algún día las máquinas decidan bien sin nosotros en muchos ámbitos. Si ese día llega, la conversación será bastante más grande que el data storytelling, porque afectará a cómo repartimos responsabilidad, poder y trabajo. Mientras tanto, y ese mientras tanto es donde tú y yo trabajamos, la parte que no se delega sigue ahí, disponible para quien quiera ocuparla.

## Idea clave del capítulo

No ganará necesariamente quien use más IA, sino quien la use con más criterio. Usar muchas herramientas da sensación de modernidad, pero no garantiza mejores decisiones; lo decisivo es integrar la IA en un método: preguntas claras, datos relevantes, visualización adecuada, narrativa honesta, decisión responsable y aprendizaje. El profesional aumentado es alguien que colabora con sistemas inteligentes sin renunciar a su inteligencia. Precisamente por eso el data storytelling seguirá siendo una competencia estratégica. Cerramos, en el último capítulo, recogiéndolo todo.

---

**Tres preguntas para tu contexto.**

1. ¿Usas muchas herramientas o tienes un método?
2. ¿Qué parte de tu trabajo se automatizará y qué parte te hará más valioso?
3. ¿Estás desarrollando criterio o delegándolo poco a poco?

**Un ejercicio.** Escribe tu propio método de trabajo con datos e IA en una página: fases, qué delegas, qué no delegas nunca y por qué.

CAP 24.

# Conclusión: la IA acelera el análisis, pero el sentido sigue siendo humano

*Que las máquinas respondan más rápido vuelve más valiosa nuestra capacidad de preguntar, interpretar y decidir mejor.*

El libro empezó con una paradoja: tenemos más datos, más herramientas y más automatización que nunca, y eso no garantiza mejores decisiones. La IA generativa la intensifica, porque produce análisis, gráficos y narrativas a una velocidad antes impensable, pero también multiplica errores, simplificaciones y falsas certezas que parecen rigurosas sin serlo. De ahí la tesis central: **lejos de hacer menos necesario el data storytelling, la IA lo vuelve más necesario que nunca.** Cuanto más fácil es generar respuestas, más importa saber preguntar; cuanto más fácil producir gráficos, más importa saber cuáles ayudan a comprender; cuanto más rápido analizar, más importa detenerse a verificar y a asumir responsabilidad.

## Lo que hemos recorrido

La primera parte diagnosticó el problema: la abundancia de datos no equivale a comprensión y muchos sistemas informan sin orientar. La cadena de valor del dato nos dio el mapa. La segunda definió el data storytelling: construir explicaciones claras, honestas y útiles, empezando por las preguntas y teniendo en cuenta cómo mira la mente. La tercera metió la IA en cada fase (preparar, analizar, visualizar, narrar, comunicar) bajo un mismo principio: acelera y amplía, pero necesita método, contexto y revisión. La cuarta lo llevó a casos (marketing, recursos humanos, finanzas, educación) donde se ve que esto no es una abstracción. Y la quinta miró al futuro: la ventaja está en integrar datos, IA y juicio humano en mejores decisiones.

## Acelerador y espejo

La IA es un acelerador, pero también un espejo: refleja la calidad de nuestras preguntas, la claridad de nuestro contexto y la madurez de nuestro criterio. A una pregunta superficial devuelve una respuesta superficial muy bien escrita; si le pides justificar un sesgo, te ayuda a hacerlo; si no das contexto, rellena con generalidades; si no verificas, convierte errores en documentos presentables. Pero bien usada amplía la inteligencia profesional: muestra ángulos nuevos, ordena lo complejo, ensaya narrativas, simula objeciones y prepara mejores conversaciones. La diferencia no está solo en la herramienta: está en la práctica.

## Lo que aprendí en una sala

En una de esas formaciones tenía delante al comité de dirección al completo. A mitad de sesión, uno de ellos dijo en voz alta algo que probablemente pensaban varios: que los informes que ellos mismos encargaban llegaban con unos plazos que no daban tiempo a hacer este trabajo. Que pedían para el viernes algo que necesitaba dos semanas de reflexión.

Fue el momento más útil del día, y no lo provoqué yo. Durante años, aquella organización había estado transmitiendo información cuando lo que necesitaba era conocimiento para decidir. Y la causa estaba tanto en cómo se preparaban los informes como en cómo se pedían.

Lo cuento porque es fácil leer un libro así pensando en el analista que prepara el informe. Pero quien encarga también decide la calidad de lo que recibe. Un buen data storytelling necesita a alguien que lo haga y a alguien que lo espere.

## Tres compromisos

Para esta época propongo tres compromisos. **Claridad**: hacer comprensible lo importante sin caer en la simplificación banal; en un entorno saturado, ser claro es una forma de respeto hacia quien escucha. **Rigor**: cuidar la evidencia, las definiciones, las comparaciones y el nivel de certeza, sin confundir fluidez con verdad. **Responsabilidad**: recordar que comunicar datos no es neutral, porque influye en decisiones que afectan a personas, recursos y oportunidades, y preguntarse a quién afecta, qué sesgos hay y qué transparencia debemos.

## El método, y sus límites

Si hubiera que reducir el libro a una secuencia, sería esta.

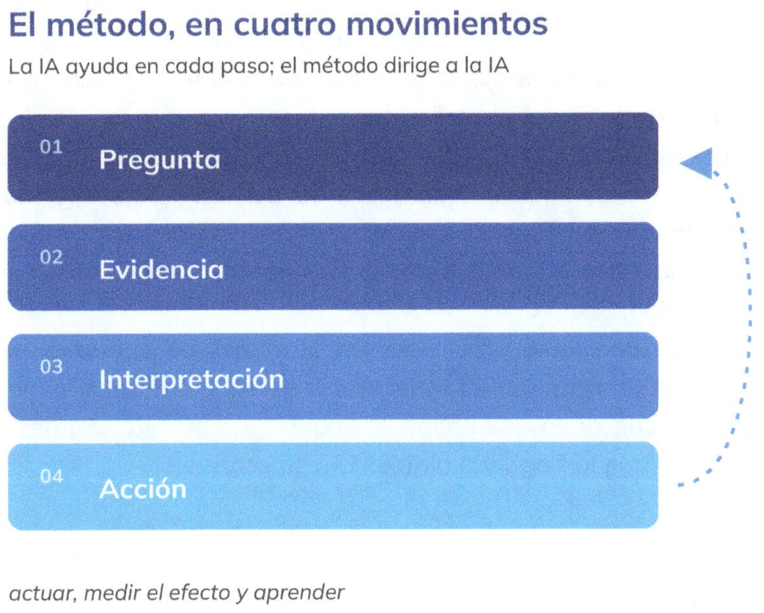


*Figura 24.1 · El método en cuatro movimientos. La IA ayuda en cada paso, pero el método dirige a la IA, no al revés.*

Formula una pregunta relevante, reúne datos y contexto, analiza patrones y límites, construye una interpretación honesta, visualiza solo lo que ayuda a comprender, cuenta una historia adaptada a la audiencia, conecta el insight con alternativas de decisión y, por fin, actúa, mide el efecto y aprende. La IA puede ayudar en cada paso, pero no debe sustituir la secuencia.

Y una advertencia para cerrar: no todo debe convertirse en dato. La confianza, la creatividad, el cuidado, el aprendizaje profundo o la calidad de una conversación dejan señales, pero no se agotan en métricas. Una cultura madura de datos no reduce la

realidad a números: usa los números para iluminar mejor una parte de ella. Porque el sentido no aparece solo: surge cuando una persona o un equipo conecta evidencia con propósito, distingue lo urgente de lo relevante, reconoce límites y decide con responsabilidad. Ese es el lugar del data storytelling en la era de la IA: ayudar a construir sentido compartido en medio de la abundancia. La IA puede acelerar el análisis; el sentido sigue siendo humano.

## Cómo empezar mañana

Este libro termina en práctica. No hace falta una arquitectura perfecta ni una estrategia completa de IA para empezar: basta elegir una decisión real y mejorar cómo se trabaja con ella, en siete pasos.

1. **Escoge una decisión concreta.** No «queremos usar IA», sino redistribuir presupuesto, reducir abandono, mejorar margen o rediseñar un curso.
2. **Formula la pregunta central.** No «analizar ventas», sino «qué parte del crecimiento es rentable y qué decisión presupuestaria deberíamos tomar».
3. **Reúne datos y contexto.** Métricas, pero también definiciones, objetivos, restricciones e historia previa: la IA solo trabaja con el contexto que recibe.
4. **Usa la IA para ampliar, no para cerrar.** Pide hipótesis, preguntas alternativas, riesgos y objeciones; no aceptes la primera narrativa como definitiva.
5. **Construye una historia de decisión.** Qué hemos entendido, qué evidencia lo sostiene, qué alternativas hay, qué riesgos asumimos y qué proponemos.
6. **Revisa con criterios de calidad.** Claridad, rigor, honestidad, adecuación a la audiencia y conexión con la acción; la IA también puede revisar.

7. **Actúa y aprende.** Documenta la decisión, los supuestos, los indicadores de seguimiento y lo aprendido.

## Decálogo final

1. No empieces por los datos; empieza por la decisión.
2. No confundas información con comprensión.
3. No llenes dashboards; diseña conversaciones.
4. No decores gráficos; construye explicaciones.
5. No uses la IA para confirmar; úsala para cuestionar y ampliar.
6. No presentes hipótesis como conclusiones.
7. No ocultes la incertidumbre; explícala con claridad.
8. No adaptes el mensaje a la audiencia a costa de la verdad.
9. No midas sin preguntarte para qué y con qué consecuencias.
10. No delegues el sentido: los datos y la IA ayudan, pero la responsabilidad es humana.

Si este libro consigue una sola cosa, que sea esta: que no veas los datos como un final, sino como el inicio de una conversación mejor, más clara, más rigurosa y más responsable, sobre lo que ocurre, por qué importa y qué deberíamos hacer.

**Tres preguntas para tu contexto.**

1. ¿Qué vas a cambiar en tu forma de trabajar con datos la semana que viene?
2. ¿Qué rutina de tu equipo merece revisarse a la luz de este libro?
3. ¿Dónde quieres que esté tu criterio dentro de un año?

**Un ejercicio.** Elige una sola idea del libro y aplícala a una decisión real en los próximos siete días. Después escribe qué cambió.

PARTE VI

# Caja de herramientas

CAP 25.

# Biblioteca de prompts por fase

*Un buen prompt no le pide a la IA que decida por ti. Le pide que te ayude a pensar mejor antes de decidir tú.*

Esta biblioteca reúne prompts listos para usar, organizados según las fases del proceso que hemos recorrido en el libro. No son fórmulas mágicas: son puntos de partida que tendrás que adaptar a tu contexto, a tu sector y a tu decisión concreta. Tres reglas antes de empezar, válidas para todos:

- **Datos no sensibles.** Trabaja con información anonimizada o agregada; nunca pegues datos personales o confidenciales sin pensarlo.
- **Revisión humana siempre.** Todo lo que devuelva la IA es un borrador, no una verdad. Contrástalo.
- **Pide las grietas, no solo la respuesta.** Los mejores prompts piden supuestos, límites y objeciones, no solo conclusiones.

## Fase 1 · Encuadrar el problema

> «Actúa como un consultor crítico. Reformula este problema de negocio en tres decisiones posibles, identifica los supuestos ocultos y dime qué evidencia haría falta para elegir entre ellas.»

> «Antes de analizar nada: ¿qué preguntas debería hacerme sobre este problema que probablemente no me estoy haciendo?»
> «Reescribe este objetivo difuso ("mejorar", "optimizar", "impulsar") como una decisión concreta que alguien tendría que firmar.»

## Fase 2 · Entender al stakeholder

> «Describe las prioridades, los riesgos percibidos y los criterios con los que [este rol] evaluaría esta decisión. ¿Qué tres objeciones plantearía?»
> «Adapta esta explicación para tres audiencias distintas: un comité de dirección, un equipo técnico y un cliente. Cambia el nivel de detalle, no el fondo.»

## Fase 3 · Formular las preguntas

> «Convierte este objetivo en una arquitectura de preguntas descriptivas, diagnósticas, predictivas y prescriptivas, indicando qué métrica respondería cada una.»
> «De esta lista de preguntas, ¿cuáles son realmente decisivas para la decisión y cuáles son curiosidad que puede esperar?»

## Fase 4 · Preparar y explorar los datos

> «A partir de esta tabla, identifica los tres patrones más relevantes y señala explícitamente qué no puedes afirmar con estos datos.»
> «¿Qué problemas de calidad ves en estos datos (valores atípicos, huecos, definiciones ambiguas) que podrían invalidar una conclusión?»

> «¿Qué grupos o casos podrían estar mal representados en estos datos, y qué conclusión cambiaría si lo estuvieran?»

## Fase 5 · Del dato al insight

> «Evalúa estos posibles insights. Distingue dato, hallazgo, insight e implicación, y señala qué evidencia adicional necesitaría para defenderlos ante un comité.»
>
> «De este hallazgo, ¿cuál es la implicación para la decisión? ¿Y qué escenario lo refutaría?»

## Fase 6 · Construir la narrativa

> «Propón tres secuencias narrativas para presentar este análisis a un comité: problema-solución, tensión-resolución y opciones-recomendación. Señala cuál es más honesta con la incertidumbre.»
>
> «Revisa esta presentación: ¿qué gráfico o dato no ayuda a responder la pregunta de decisión y debería caerse?»

## Fase 7 · Preparar la decisión y anticipar objeciones

> «Resume este análisis en un brief de decisión de una página: decisión recomendada, evidencia, alternativas descartadas, riesgos y cinco objeciones anticipadas con su respuesta.»
>
> «Anticipa las cinco preguntas más incómodas que me haría un comité crítico ante esta recomendación, y prepara una respuesta basada en evidencia y en los límites del análisis.»

## Revisión crítica y ética

> «Haz de abogado del diablo: dame los tres argumentos más fuertes en contra de esta recomendación.»
>
> «¿Esta visualización podría inducir a error por su escala, su periodo o lo que omite? ¿Cómo la harías más honesta?»

---

**Idea clave.** El valor de un prompt está en el pensamiento que provoca: los mejores piden supuestos, límites y objeciones, y dejan la decisión en tus manos.

**Tres preguntas para tu contexto.** ¿Usas la IA más para producir o para pensar? ¿Cuántos de tus prompts piden las grietas y no solo la conclusión? ¿Guardas y reutilizas los que mejor te funcionan?

**Un ejercicio.** Elige una fase donde flojees y crea tu propia versión de tres de estos prompts, adaptados a tu sector y a tu vocabulario.

CAP 26.

# Plantillas y canvas de trabajo

*Una plantilla no sustituye al criterio, pero ayuda a ordenarlo. Sirve para que dos personas del mismo equipo tengan la misma conversación con datos.*

Estas plantillas convierten los principios del libro en artefactos reutilizables. No hace falta usarlas todas ni seguirlas al pie de la letra: son andamios que puedes adaptar. Su mayor valor es colectivo: cuando un equipo comparte las mismas plantillas, mejora la calidad de sus conversaciones y reduce la dependencia de personas concretas.

## El brief de decisión (una página)

Es el artefacto más importante y el que cierra todo el proceso. Si solo adoptas una plantilla, que sea esta. Obliga a terminar en una recomendación concreta, no en un «habría que mirarlo».

*Figura 26.1 · Brief de decisión de una página. El destino de todo el proceso.*

Los campos: **decisión** que hay que tomar, **contexto** (por qué ahora), **evidencia** clave y su fiabilidad, **insight** (qué cambia nuestra comprensión), **alternativas** consideradas, **recomendación** accionable y **riesgos y objeciones** anticipadas. Una página. Ni una más.

## El canvas de insight

Sirve para no confundir un dato llamativo con una comprensión que cambia la decisión. Fuerza a subir la escalera peldaño a peldaño y a comprobar la calidad de cada afirmación.

*Figura 26.2 · Canvas de insight: de la observación a la implicación, con criterios de calidad.*

A la derecha, los cuatro criterios que debe pasar cualquier insight antes de sostener una decisión: **trazable** (se conecta a una fuente), **falsable** (hay un escenario que lo refutaría), **relevante** (cambia algo en la decisión real) y **comunicable** (cabe en una frase ejecutiva).

## El storyline (arco de la narrativa)

Ordena la presentación para que lleve a quien decide del contexto a la acción sin empobrecer el razonamiento. No es un guion rígido: es una secuencia que puedes reordenar según la audiencia.

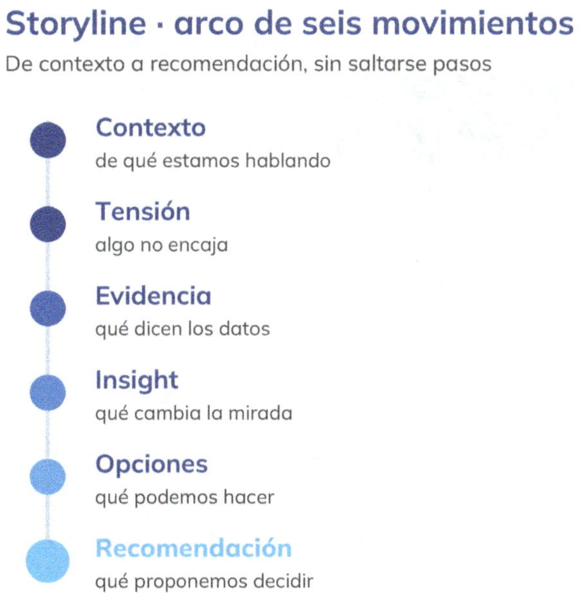


*Figura 26.3 · Arco narrativo de seis movimientos, de contexto a recomendación.*

## La matriz de preguntas

Antes de tocar los datos, convierte el problema en preguntas separadas por tipo. Una tabla de cuatro filas basta:

- **Descriptivas**: ¿qué está pasando? (métricas, tendencias)
- **Diagnósticas**: ¿por qué pasa? (causas, contrastes)
- **Predictivas**: ¿qué podría pasar? (escenarios)
- **Prescriptivas**: ¿qué deberíamos hacer? (opciones, recomendaciones)

Para cada pregunta, anota qué dato la respondería y con qué fiabilidad. Las que no tengan dato posible, o son hipótesis o son ruido.

## El mapa de stakeholder

Antes de narrar, define para quién narras. Un cuadro sencillo con cuatro casillas por cada persona clave: qué **decide**, qué le **preocupa**, qué **nivel de detalle** necesita y qué **objeciones** puede plantear. La misma evidencia se cuenta distinto según quién esté al otro lado de la mesa.

---

**Idea clave.** Las plantillas no piensan por ti: ordenan el pensamiento y lo hacen compartible, de modo que un equipo entero pueda sostener la misma conversación rigurosa con datos.

**Tres preguntas para tu contexto.** ¿Tus análisis terminan en un brief de decisión de una página o en un informe sin conclusión? ¿Tu equipo comparte plantillas o cada uno improvisa? ¿Distingues por escrito el dato del insight y de la implicación?

**Un ejercicio.** Coge tu último análisis y reescríbelo en el brief de decisión de una página. Lo que no quepa, probablemente no era necesario para decidir.

CAP 27.

# Checklists y autoevaluación de madurez

*Una checklist no te hace más listo, pero hace mucho más difícil que olvides lo importante cuando tienes prisa.*

Las listas de comprobación no sustituyen al criterio, pero lo protegen de los descuidos. Úsalas como último filtro antes de dar por bueno un análisis o de subir a presentar una decisión.

## Checklist · calidad de un análisis

- [ ] ¿Parte de una **decisión explícita**, no solo de la curiosidad?
- [ ] ¿Distingo con claridad **dato, hallazgo, insight e implicación**?
- [ ] ¿Cada afirmación importante es **trazable** a una fuente verificable?
- [ ] ¿He señalado los **límites y la incertidumbre** del análisis?
- [ ] ¿He comprobado quién o qué podría estar **mal representado** en los datos?
- [ ] ¿Presentaría el análisis **igual si el resultado fuera el contrario** al esperado?

- [ ] Si he usado IA, ¿he **verificado** sus afirmaciones en lugar de confiar en su tono?

## Checklist · presentación de una decisión

- [ ] ¿Hay una **recomendación accionable**, no un «habría que mirarlo»?
- [ ] ¿La narrativa lleva del **contexto a la acción** (arco de seis movimientos)?
- [ ] ¿Cada visualización **ayuda a responder** la pregunta de decisión? (si no, fuera)
- [ ] ¿He adaptado el detalle al **stakeholder** que decide?
- [ ] ¿He anticipado las **objeciones** más probables?
- [ ] ¿Cabe lo esencial en un **brief de una página**?

## Autoevaluación · madurez del equipo

Responde sí (1) o no (0) a cada pregunta. Suma al final.

1. ¿Los informes parten de una decisión explícita?
2. ¿Cada presentación termina en una recomendación clara?
3. ¿Se diferencia dato, hallazgo, insight e implicación?
4. ¿Se adapta la narrativa al stakeholder y su contexto?
5. ¿Los dashboards responden preguntas de negocio concretas?
6. ¿Se revisan sesgos, límites e incertidumbre?
7. ¿Las visualizaciones se eligen por función, no por estética?
8. ¿Existen plantillas comunes para análisis y narrativa?
9. ¿La IA se usa para contrastar hipótesis y no solo para resumir?

10. ¿Los equipos practican con casos reales?
11. ¿Las afirmaciones importantes son trazables a evidencia?
12. ¿Se mide si el trabajo con datos mejora decisiones, no solo la satisfacción?

**Cómo leer tu puntuación.**

- **0-4 · Cultura de informe descriptivo.** Se produce mucha información y se decide poco con ella. Empieza por exigir una decisión explícita en cada informe.
- **5-8 · Práctica con vacíos críticos.** Hay buenas piezas, pero faltan rutinas compartidas. Introduce plantillas y criterios comunes.
- **9-12 · Capacidad operativa madura.** El equipo decide con datos de forma trazable. El reto es sostenerlo y escalarlo.

---

**Idea clave.** Las checklists convierten los principios del libro en hábitos que resisten la prisa; la autoevaluación te dice, sin autoengaño, en qué peldaño de madurez está hoy tu equipo.

**Tres preguntas para tu contexto.** ¿Qué puntuación sacaría tu equipo hoy? ¿Cuál de las doce preguntas es vuestro punto más débil? ¿Qué única rutina, adoptada esta semana, subiría más vuestra nota?

**Un ejercicio.** Pasa la autoevaluación con tu equipo por separado y comparad las respuestas. Las diferencias de percepción suelen ser más reveladoras que la media.

CAP 28.

# Glosario de términos clave

*Cuando un equipo no comparte el significado de las palabras, discute sobre cosas distintas creyendo que habla de la misma.*

Un glosario breve para alinear el vocabulario. No busca precisión académica, sino un lenguaje común para trabajar.

**AI Literacy (alfabetización en IA).** Capacidad de entender qué puede y qué no puede hacer la inteligencia artificial, usarla con criterio y valorar sus resultados de forma crítica.

**Alucinación.** Cuando un modelo generativo produce información falsa o inventada presentándola con seguridad. El riesgo más traicionero, porque no viene disfrazado de duda.

**Dashboard (cuadro de mando).** Panel que reúne indicadores clave. Útil para vigilar; insuficiente, por sí solo, para decidir.

**Data literacy (alfabetización de datos).** Capacidad de leer, interpretar, cuestionar y comunicar datos con criterio.

**Data storytelling.** Disciplina de construir, a partir de datos relevantes, una explicación clara, honesta y orientada a la acción que ayude a alguien a decidir.

**Data-driven.** Enfoque que basa las decisiones en datos y evidencia. Aspiración común; realidad menos frecuente de lo que se cree.

**Dato.** Un registro aislado (una cifra, una fecha, una transacción). No significa nada fuera de contexto.

**Decisión.** Elección entre alternativas. El destino de todo el proceso de data storytelling.

**Hallazgo.** Un patrón observado en los datos (una caída, una concentración). Un paso por encima del dato, pero aún no una comprensión.

**Implicación.** La consecuencia de un insight para la decisión: el «por lo tanto» que conecta el análisis con la acción.

**Información.** Datos ordenados y puestos en contexto. El primer peldaño hacia el conocimiento.

**Insight.** Una comprensión que cambia la forma de ver el problema y, con ella, la decisión. No es un dato llamativo, sino una idea con consecuencias.

**KPI (indicador clave).** Métrica elegida por su relación directa con un objetivo. Muchos indicadores no son KPI; son solo números.

**Prompt.** La instrucción que se le da a un modelo de IA. Un buen prompt pide pensamiento (supuestos, límites, objeciones), no solo una respuesta.

**Sesgo.** Distorsión sistemática en los datos, el análisis o el modelo. La IA no lo inventa, sino que lo hereda de los datos y puede amplificarlo.

**Stakeholder.** La persona o grupo que decide o a quien afecta la decisión. Define para quién se narra.

**Storyline.** La secuencia narrativa que lleva a quien decide del contexto a la acción (contexto, tensión, evidencia, insight, opciones, recomendación).

**Trazabilidad.** Propiedad de una afirmación que puede seguirse hasta una fuente verificable. Requisito para que un análisis sostenga una decisión.

**Visualización.** Representación gráfica de datos. Buena cuando ayuda a entender y a decidir; decorativa, y prescindible, cuando solo adorna.

---

**Idea clave.** Compartir el significado de unas pocas palabras (dato, insight, implicación, trazabilidad) evita discusiones estériles y sube, casi sin esfuerzo, la calidad de las conversaciones con datos.

**Tres preguntas para tu contexto.** ¿Tu equipo usa «insight» para cualquier dato llamativo? ¿«KPI» para cualquier número? ¿Todos entendéis lo mismo por «data-driven»?

**Un ejercicio.** Elige tres términos de este glosario y contrasta, en tu equipo, qué entiende cada uno por ellos. Acordad una definición común y escríbela.

# Nota del autor

Este libro nace del cruce de tres líneas que han marcado mi trayectoria: la visualización de datos, el data storytelling y la inteligencia artificial generativa.

Durante años he acompañado a estudiantes, profesionales y equipos directivos en su relación con los datos, y he visto a personas muy distintas tropezar con el mismo muro: tienen información, pero no saben interpretarla; tienen dashboards, pero no saben qué decidir; producen informes, pero no consiguen generar una comprensión compartida. Mi investigación doctoral no hizo más que confirmar una intuición que ya venía de las aulas y de la consultoría: el reto no es solo técnico. Claro que hacen falta datos de calidad, buenas herramientas y capacidad analítica. Pero hacen falta, sobre todo, preguntas, criterio, contexto, narrativa, ética y voluntad de decidir.

Hay algo que se repite en casi todas las organizaciones. Se entra en la cultura del dato por la puerta de los informes: se quiere que sean más visuales, más claros, más presentables. Y sin saberlo se está entrando en algo mucho más grande. En capturar datos y limpiarlos. En hacerse preguntas. En analizarlos y elegir cómo mostrarlos. En extraer insights que digan algo del negocio y explicarlos con la emoción justa, porque detrás de cada decisión empresarial hay un riesgo o un beneficio. Y en usar todo eso para decidir.

Nadie llama a eso «cultura del dato» cuando empieza. Lo llama «arreglar el informe mensual».

La inteligencia artificial generativa añade una capa nueva a todo esto. Acelera tareas que antes eran lentas, ayuda a explorar datos, formular hipótesis, redactar explicaciones y adaptar mensajes. Pero lejos de sustituir el juicio profesional, lo vuelve todavía más necesario. Cuanto más fácil es producir una respuesta, más importa saber evaluarla.

Lo entendí del todo mientras trabajaba en la tesis, aplicando a la investigación el mismo proceso que llevaba años enseñando. La IA era un copiloto extraordinario. Y era también un enemigo cuando se usaba sin criterio o sin tener claro el proceso, porque acelera igual de bien un razonamiento sólido que uno defectuoso.

Por eso escribí este libro.

He escrito con vocación divulgativa. Esto no es una tesis ni un manual de programación, estadística o *machine learning*, ni una guía de herramientas concretas. Es un marco para entender cómo la IA puede ampliar el proceso de data storytelling sin que perdamos rigor, sentido crítico ni responsabilidad. En estas páginas hay ideas de mi trabajo académico, de mis proyectos de consultoría y de muchas conversaciones con profesionales que intentan, cada día, decidir mejor con datos. La tesis de fondo es sencilla: la IA puede ayudarte a transformar datos en decisiones, pero solo si aprendes a formular mejores preguntas, interpretar con más criterio y comunicar con más honestidad.

Y como este libro se ha escrito también con inteligencia artificial, no quise dejarlo para estas páginas finales: por eso el capítulo cero, antes de la primera parte, cuenta cómo se ha hecho.

# Recursos online

Este libro tiene una vocación práctica, y la práctica se sostiene mejor con materiales que puedas usar y adaptar.

En **ignasialcalde.es** voy publicando plantillas de trabajo, listas de verificación, bibliotecas de *prompts* y conjuntos de datos para practicar el método de principio a fin. Algunos son de acceso libre; otros forman parte de una edición ampliada con acompañamiento, para quien quiera llevar esto a su organización.

## El asistente del libro

Este libro tiene, además, un compañero conversacional entrenado en sus conceptos. No sustituye la lectura: la prolonga. Puedes preguntarle dudas sobre un capítulo, pedirle ayuda para formular mejores preguntas a tus datos o para convertir un hallazgo en una historia clara. Úsalo siempre con datos no sensibles y con tu propio criterio.

**bit.ly/data-storytelling-ia**

# Sobre el autor

**Ignasi Alcalde** es consultor, profesor y autor especializado en visualización de la información, data storytelling, alfabetización de datos e inteligencia artificial generativa. Desde su práctica *[ia] People · Data · Tech*, acompaña a organizaciones y equipos directivos en el uso de los datos y la IA para decidir mejor, y enseña en programas de educación ejecutiva, MBA y posgrado.

Es autor de *Visualización de la información: de los datos al conocimiento* (Editorial UOC) y desarrolla una línea de investigación y divulgación sobre cómo la inteligencia artificial generativa transforma el proceso de contar historias con datos: la formulación de preguntas, la interpretación, la construcción de la narrativa y la decisión.

Este libro nace de ese cruce entre aula, consultoría e investigación, y de una convicción sencilla: la tecnología cambiará, pero seguirá haciendo falta pensar con datos, comunicar con claridad y decidir con responsabilidad.

Más información y recursos en **ignasialcalde.es**.

# Lecturas recomendadas

Este libro no nace de la nada. A continuación, algunas obras que han influido en mi forma de entender la visualización, la narrativa con datos y el pensamiento crítico. No es una bibliografía exhaustiva, sino una guía de lecturas para seguir tirando del hilo.

## Sobre visualización de datos

**Edward Tufte**, *The Visual Display of Quantitative Information*. El clásico fundacional. Su defensa de la honestidad gráfica y su rechazo del adorno innecesario siguen siendo la mejor vacuna contra el gráfico decorativo.

**Stephen Few**, *Information Dashboard Design*. Lectura obligada si trabajas con cuadros de mando: por qué fallan y cómo diseñarlos para que ayuden a decidir.

## Sobre narrativa con datos

**Cole Nussbaumer Knaflic**, *Storytelling with Data*. El manual práctico más extendido sobre cómo construir una explicación clara con datos. Muy útil para llevar a la práctica lo que aquí tratamos desde el criterio.

**Hans Rosling**, *Factfulness*. Una lección magistral sobre cómo los datos, bien contados, pueden corregir intuiciones equivocadas sobre el mundo.

## Sobre cómo pensamos y decidimos

**Daniel Kahneman**, *Pensar rápido, pensar despacio*. Imprescindible para entender por qué interpretamos mal los datos incluso cuando son correctos: los sesgos no son un fallo ocasional, son el funcionamiento normal de la mente.

## Sobre inteligencia artificial y criterio

El campo cambia tan rápido que cualquier lista de títulos envejece en meses. Por eso mi recomendación aquí es distinta: sigue a investigadores y divulgadores que expliquen los límites de la tecnología, no solo sus promesas, y desconfía de quien la presente como magia o como amenaza absoluta. La documentación técnica de las propias herramientas, leída con espíritu crítico, suele ser más informativa que muchos artículos de opinión.

# Índice de figuras

Las figuras de este libro están pensadas como marcos de trabajo, no como ilustraciones. Puedes volver a ellas por separado cuando necesites una plantilla o un esquema.

# Agradecimientos

Este libro no habría sido posible sin muchas personas que, de formas distintas, están detrás de cada página.

A mis padres, **Tirso** y **Dolores**, por su apoyo incondicional y por enseñarme, mucho antes que cualquier dato, el valor del esfuerzo y la curiosidad.

A **Ana Isabel Jiménez Zarco**, directora de mi tesis doctoral, por animarme a embarcarme en una investigación sobre cómo innovar la docencia con datos e inteligencia artificial, y por acompañarme con rigor y generosidad a lo largo de ese camino.

A **Xavier Marcet**, por escribir el prólogo de este libro y por una forma de mirar la gestión y el sentido que admiro desde hace tiempo.

A **Bernardo Crespo**, por tantas buenas conversaciones y por sus consejos para mejorar, una y otra vez, mi manera de enseñar la comunicación y la narración con datos.

Al **Instituto de Empresa (IE)**, por darme el espacio para compartir este conocimiento con tantos alumnos de Executive Education, de quienes también he aprendido.

Y a los **clientes** que, a lo largo de los años, han confiado en mí para formar a sus equipos en data storytelling y en las competencias de narración con datos. Buena parte de la experiencia que sostiene estas páginas nace de esa confianza.

A todos, gracias.